春天的颜色

曹文轩 编

山东画报出版社

图书在版编目（CIP）数据

春天的颜色 / 曹文轩编. --济南: 山东画报出版社, 2021.6
（语文第二课堂：拓展阅读版）
ISBN 978-7-5474-3852-7

Ⅰ. ①春… Ⅱ. ①曹… Ⅲ. ①阅读课 – 小学 – 课外读物
Ⅳ. ①G624.233

中国版本图书馆CIP数据核字(2021)第069019号

CHUNTIAN DE YANSE

春天的颜色

（语文第二课堂：拓展阅读版）
曹文轩　编

责任编辑　王一诺
封面设计　王　芳　李　娜
插画绘制　黄　捷

出 版 人　李文波
主管单位　山东出版传媒股份有限公司
出版发行　山东画报出版社
　　　　　　社　　址　济南市市中区英雄山路189号B座　邮编 250002
　　　　　　电　　话　总编室（0531）82098472
　　　　　　　　　　　市场部（0531）82098479　82098476（传真）
　　　　　　网　　址　http://www.hbcbs.com.cn
　　　　　　电子信箱　hbcb@sdpress.com.cn
印　　刷　山东新华印务有限公司
规　　格　165毫米×235毫米　1/16
　　　　　　12印张　50幅图　130千字
版　　次　2021年6月第1版
印　　次　2021年6月第1次印刷
书　　号　ISBN 978-7-5474-3852-7
定　　价　180.00元（全六册）

如有印装质量问题，请与出版社总编室联系更换。

序　言

　　无论是中国的语文教学大纲、课程标准还是国外的语文教学大纲、课程标准，也无论是哪一时代的语文教学大纲、课程标准，都无一例外地将学习语文的目的确定为：培养学生的语言文字表达能力。相对于"人文性"这一概念，我们将这一点说成是语文的"工具性"。这么说没有问题——问题是我们对"工具性"的理解是不够的。在我们的感觉中，"工具性"似乎是一个与"人文性"在重要性上是有级别差异的概念。我们在说到"工具性"时往往都显得不那么理直气壮，越是强调这一点就越是觉得它是一个矮于"人文性"的观念，只是我们不得不说才说的。其实，这里的"工具性"至少是一个与"人文性"并驾齐驱的概念。离开语言文字，讨论任何问题几乎都是没有意义的。另外我们有没有注意到，语言文字根本上也是人文性的。难道不是吗？二十世纪哲学大转型，就是争吵乃至恶斗了数个世纪的哲学忽于一天早晨都安静下来面对一个共同的问题：语言问题。哲学终于发现，所有的问题都是通向语言的。不将语言搞定，我们探讨真理几乎就是无效的。于是语言哲学成为几乎全部的哲学。一个个词，一个个句子，不只是一个个词，一个个句子，它们是存在的状态，是存在的结构。海德格尔、萨特、加缪、维特根斯坦等，将全部的时间用在了语言和与语言相关的问题的探讨上。甚至一些作家也从哲学的角度思考语言的问题，比如米兰·昆德拉。他写小说的思路和方式很简单，就是琢磨一个个词，比如"轻"，比如"媚俗""不朽"等。他告诉我们，一部小说只需要琢磨一两个词就足够了，因为所有的词都是某种存在状态，甚至是存在的基本状态。

从前说语言使思想得以实现，现在我们发现，语言本身就是思想，或者说是思想的产物。语言与思维有关。语言与认知这个世界有关，而认知之后的表达同样需要语言。语言直接关乎我们认知世界的深度和表达的深刻。文字使一切认识得以落实，使思想流传、传承成为可能。

从这个意义上说，语言文字能力，是一个健全的人的基本能力。而语文就是用来帮助人形成并强化这个能力的。为什么说语文学科是一切学科的基础，道理就在于一个人无论从事何种职业，都必须以很好的语言文字能力作为前提。因为语言文字能力与认知能力有关。

但要学好语文，只依赖于语文教科书恐怕是难以做到的。

语文教科书只是学好语文的一部分，甚至说是很有限的一部分。语文教学是语文学习的引导，老师们通过分析课文，让学生懂得如何阅读和分析课文，如何掌握语言文字去对世界进行思考和如何用语言文字去表述这个世界。但几本语文教科书能够提供给学生的学习文本是十分有限的，仅凭这些文本，要达到理想的语文水平是根本不可能的。语文能力的形成和语文水平的提高，必须建立在广泛而深入的课外阅读上——语文教材以外的书籍阅读上。许多年前我就和语文老师们交谈过：如果一个语文老师以为一本语文教材就是语文教学的全部，那么，要让学生学好语文是不可能的。从讲语文课而言，语文老师也要阅读大量教材以外的书籍，因为攻克语文这座山头的力量并不是来自语文教科书本身，而是来自其他山头——其他书籍，这些山头屯兵百万，只有调集这些山头的力量才能最终攻克语文这座山头。对学生而言，只有进行广泛而深入的课外阅读，才能深刻领会语文老师对语文教科书中的文本讲解，才能让语文教科书发挥应有的作用。

人类历史数千年，写作作为一种精神活动的历史也已十分漫长，天下好文章绝不是语文教科书就能容纳下的。所以，我们只有以语文教科书为依托，尽可能地阅读课外的书籍。但问题来了：这世界上的书籍浩如烟海、满坑满谷，一个人是不可能将其统统阅读尽的，即便是倾其一生，也不可能；关键是这些书籍鱼龙混杂，不是每一本、每一篇都值得劳心劳力去阅读的。这就要由一些专门的读书人去为普通百姓选书，而对于中小学生而言，就更需要让有读书经验的人为他们选择书籍了，好让他们将宝贵的时间用在最值得阅读的书籍上。

对于小学生而言，自由阅读固然重要，但有指导的阅读同样重要，甚至说更加重要。这套书就是基于这样的理念编写成的。参与这套书编写的有专家学者，有一线的著名语文老师，我们的心愿是完全一致的：尽可能地将最好的文本集中呈现给孩子们，然后精心指导他们对这些文本加以阅读。从某种意义上说，这套书是因教科书而设置的语文课堂的延续和扩展——语文的第二课堂。

曹文轩

2019年4月29日于北京大学

目　录

点亮生活的奇异幻想

四季之歌

童话故事中的哲理

父母与子

让我们成长的力量

"吃"这件大事

感谢您赋予我生命

点亮生活的奇异幻想

导读

有时候，你是否也觉得时间过得太慢，慢得无聊？有时候，又觉得时间过得太快，快得连游戏都还没有玩尽兴？来看看这首小诗是怎么描述这种感受的吧。

蜗牛和飞鸟

圣　野

为什么

我总是觉得，

星期天这天，

总比星期六，

过得更加快？

因为星期六，

没有玩具，

爬起来，像只蜗牛；

星期天，有动物园，

飞起来，像一只鸟。

牵手阅读

　　这首小诗从儿童的视角来看星期六和星期天，对于孩子来说，没有玩具的星期六是无聊的，所以时间过得很慢，好像一只蜗牛慢慢爬一样；而星期天可以去动物园，孩子玩得很开心，就觉得时间好像飞鸟似的，过得快极了。这种富有童趣的比喻是不是让你产生了共鸣？

叶子与羽毛、鸟巢与眺望的眼光、果子与梦想，两两之间存在着怎样的关系，又能引发我们哪些奇妙的联想呢？

叶子是树的羽毛

张晓楠

叶子，是树的羽毛

张着翅膀

却不能飞翔

鸟巢，是树的眺望

满目波浪

却心静如水

果子，是树的耐力

树的暖阳

树的梦，又香又亮

牵手阅读

　　该诗以新奇的想象观察自然之物，向我们呈现了一份童真与美好。诗的首节，诗人将"叶子"视作大树的"羽毛"，但可惜大树不能飞翔；第二节，诗人将目光转向"鸟巢"，运用拟人手法赋予大树以人的情态，它在远远地眺望，任内心的情感起起伏伏；第三节，诗人形容"果子"为树的"耐力""暖阳"与"梦"，是果子给了大树沉甸甸的重量，是大树希望和梦想的呈现。那么同学们，作者关于"叶子""鸟巢"和"果子"的想象给你观察大自然带来了哪些启示呢？

对小孩子来说，爸爸无疑是他们心目中的"巨人"，大手大脚大呼噜，可以一把将自己举过头顶。我们来看看下面这首诗，当爸爸睡着后这个小孩子是如何捉弄自己爸爸的？最后又是怎么被爸爸抓住的呢？

爸爸的海盗船

唐池子

睡着的爸爸像艘船，

呼噜，呼噜，

船上的歌声像海浪。

我悄悄走近，

仔细看看，

果然发现一艘大船。

头是方向盘，

胸膛是船舱，

如果两脚竖起来，

正好当桅杆。

不好，没有帆布，

赶快拿件白衬衫，

挂在卧倒的桅杆上。

大船好像快靠岸，

船侧两个大皮鞋，

也像打瞌睡的黑螃蟹。

不行，不行，

醒醒，黑螃蟹！

爬一个到船那边去！

黑螃蟹慢吞吞地爬，

啊哈，它不知道，

自己爬过去，

就变成了大船的黑翅膀。

我得意扬扬登上我的船，

插根羽毛在头上，

准备做个印第安人的大船长。

可是，刚刚掏出寻宝图，

突然身后伸出两只大铁臂，

把我紧紧钳住。

我想反抗，

却无法动弹。

有人恶声恶气地把我审问：

"哪里来的坏海盗？"

我吓得不轻，哇哇大叫，

"爸爸，不要把我扔进大海！

我可不是坏海盗，

我就是你的——调皮蛋！"

 牵手阅读

　　小孩子的世界，是一个迷你的小人国，也是一个天然的童话王国。在爸爸身上爬来爬去就如同探险一般，那么亲切，那么美好，熟悉温暖的气息是爸爸的味道。小朋友，当爸爸睡着后，你是不是也有过在爸爸身上调皮捣蛋的经历呀？

导读

　　有时候会想，如果我们的身体变得很小很小，这个世界在我们眼中会变成什么样呢？会不会有吃不完的蛋糕和冰激凌？但变小后的世界，可远远不止这些哦。

小人国

［英］罗伯特·路易斯·斯蒂文森

我独个儿坐在家里

感到非常烦腻，

我只好闭上眼睛

到天上去扬帆航行——

航行到遥远遥远的地方：

到那快乐的游戏之乡，

到那遥远的仙境乐土，

那儿有小人国的居民居住，

那儿有三叶草成了大树。

一片片草叶像是小船队，

短途航行来来又回回。

就在那棵雏菊的上空，

穿越草丛，

高高地飞过了一群大黄蜂，

嘤嘤嗡嗡。

在那林子里我可以行走，

可以徘徊，可以漫游，

可以看到苍蝇和蜘蛛，

看到蚂蚁一步步走路——

背着包裹，抬起腿脚，

爬过草地，绿色的街道。

我可以坐在酢浆草上，

那是瓢虫飞落的地方。

我可以登上一连片的草场，

可以看见

一群燕子在高空飞翔，

飞过蓝天，

圆圆的太阳在滚动不息，

不注意像我这样的小东西。

我可以穿越那座森林，

直到像透过一片明镜，

我看到嗡嗡的苍蝇和雏菊，

还有我这小小的自己，

线条清晰，形象明朗，

画进了我脚下雨水的池塘。

要是有一片小树叶掉下来，

在水里漂移，直向我漂来，

我会立刻登上那小舟，

绕着雨塘的大海去漂流。

沉入思考的小小生灵，

坐在绿草茸茸的海滨。

小生灵睁开可爱的眼睛，

带着惊奇观看我航行。

有的穿着绿色的铠甲——

（准是在战场上经历过厮杀！）

有的打扮得花花绿绿，

黑红金蓝，斑驳有趣；

有的拍拍翅膀飞得好快；

可他们全都显得那么和蔼。

等我的眼睛重新睁开，

我看到一切都已清楚明白：

广阔的地板，高大的粉墙，

巨型的把手在抽屉和门上。

大人们巨人般在椅子上坐着，

一针一线补破衣，缝横褶，

（褶子都是山，我能去登攀。）

一面瞎聊天，废话说不完——

哎，我的天！我的志愿

是到雨塘大海里去航行，

是朝着三叶草尖去攀登，

一直玩到夜里才回家，

困得不行，直往床上趴。

（屠岸、方谷绣 译）

 牵手阅读

　　诗歌从"小人"的视角向我们展现了"小人国"的风景，别具一格。诗中对每一个小生灵都加以细细描绘，自然的美需要我们如小人一样身临其境才能感受到，可见诗人对自然的喜爱与敬畏。请大家发挥想象，变小后的水洼是什么样子的呢？小人国里还有哪些美景呢？

四季之歌

四季歌

圣　野

春　歌

　　告诉我，春天，你在哪儿？

　　春天是从冬公公冰冷的地窖里冲出来的。春天是从嫩嫩的笋尖上冒出来的。

　　春天吗？你听，你听，它是从地底的山泉里涌出来的。

　　叽叽，喳喳！春天带来了甜甜的歌，春天是从小鸟嘴巴里唱出来的。

　　春天来了，小雪花把好消息告诉了梅花，梅花把好消息

告诉了梅花鹿，梅花鹿蹦蹦跳跳，又把好消息告诉了在地皮下刚刚睡醒的小草。

春天来了，一排排迎春花站在大门口热烈地等候着。

春天来了，坐在摇篮里的小宝宝，咚咚咚，敲起了拨浪鼓，这是欢欢喜喜的小宝宝，唱给春天的一支欢迎的歌。

夏　歌

在绿色的课堂上，夏弟弟在听课呢！

知了，在一棵树上，不停地背书，背得夏弟弟也记熟了。

夏弟弟，你交了自己的绿格子的作业本没有？

你一边做作业，一边也要偷看心爱的玩具吗？比方说，一只金色的小喇叭或是一朵钟形的小花？

你们是一边上课，一边要由同学自己打钟吗？

另外，你们是用金色的小喇叭，通知每一个爱贪午睡的同学，也要按时起床吗？

可是，夏弟弟，到了晚上，你就别用功了。你不妨带个小网兜，到迷人的田野，去捕捉萤火虫，和天上飞下来的小星星……

秋　歌

秋天，跟随着一片落叶，她已经悄悄地来到了你的身边。

秋天，很高吗？抬头向天空瞭望，高得可以望到遥远的银河。

秋天，很清吗？从湖面往下看，清得可以看到水底的游鱼。

小姑娘最爱来到湖边，梳自己的辫子，因为湖水清亮亮，亮得像一面美丽的镜子。

秋天来了，树叶子红得像花朵。果园上，田野上，挂满了沉甸甸的果实，挂满了丰收的喜悦。

冬　歌

天上飘起第一片雪花，把冬天接进自己的窗口。

天上飘起最后一片雪花，把冬天悄悄地送出了自己的门口。

雪花晶莹、洁白，有多少爸爸妈妈，拿雪花给自己的孩子起上了名字。希望他长大以后，心地也像雪花一样洁白。

雪花像一条无私的地毯，把整个大地严严实实地覆盖。

雪花走了，但雪花留下的这一份深厚和温暖的友谊，大姐姐们都用精微的图案把它留在好客的茶几上和美丽的窗帘上……

 **牵手阅读**

你是否观察过四季的特点？春天生机勃勃，鸟儿歌唱，花儿动人；夏天活泼生动，虫儿轻鸣，星星闪耀；秋天天高气爽，湖水清澈，果实丰盛，冬天洁白晶莹，雪花飞舞，大地宽广。你感受到四季的优美、可爱了吗？

乡愁对于台湾的诗人有着重要的意义，同时也是诗歌、文学的一个重要母题。一起来读读著名诗人余光中的诗歌。

春天，遂想起

余光中

春天，遂想起

江南，唐诗里的江南，九岁时

采桑叶于其中，捉蜻蜓于其中

（可以从基隆港回去的）

江南

    小杜的江南

    苏小小的江南

遂想起多莲的湖，多菱的湖

多螃蟹的湖，多湖的江南

吴王和越王的小战场

（那场战争是够美的）

　　逃了西施

　　失踪了范蠡

失踪在酒旗招展的

（从松山飞三个小时就到的）

　　乾隆皇帝的江南

春天，遂想起遍地垂柳

　　的江南，想起太湖滨一渔港，想起

那么多的表妹，走过柳堤

（我只能娶其中的一朵！）

走过柳堤，那许多表妹

　　就那么任伊老了

　　任伊老了，在江南

　　（喷射云三小时的江南）

即使见面，她们也不会陪我

陪我去采莲，陪我去采菱

即使见面，见面在江南

在杏花春雨的江南

在江南的杏花村

（借问酒家何处）

何处有我的母亲

复活节，不复活的是我的母亲

一个江南小女孩变成的母亲

清明节，母亲在喊我，在圆通寺

喊我，在海峡这边

喊我，在海峡那边

喊，在江南，在江南

多寺的江南，多亭的

江南，多风筝的

江南啊，钟声里

的江南

（站在基隆港，想一想

想回也回不去的）

多燕子的江南

 牵手阅读

　　余光中祖籍福建永春，出生于江苏南京。在写这首诗的时候他还回不到现实中的故土，只能在文字中抒发对故土的感情。"江南"在这里既是现实意义、地理意义上的江南，同时也是文化意义、精神意义上的江南。全诗节奏优美，回环往复，一唱三叹，与所要传达的情绪相得益彰。

导读

　　骄阳似火的夏天伴随着知了吱吱的叫声，浓密的绿叶中，捕捉蝈蝈和"山叫驴"的游戏也热烈上演了。小主人公们能否成功得手呢？让我们赶紧到文章中一探究竟吧！

翠绿色的歌

高洪波

　　北京的夏天，热。

　　北京的夏天，也闹。

　　热与闹加在一起，便可想象出一种什么情景了：卖冰棍儿的悠长而清凉的吆喝声，西瓜小贩的三五成群的叫卖声，加上孩子们互相追逐的吵嚷声；顶可气的是柳叶间乘凉的知了，越热越兴奋，把这成堆成篓的声音一口气串起来，形成一个富有刺激性的高音区，一声又一声，非逼你出屋不可！

　　出屋干什么？找块石子儿扔上天，冲着知了泄一泄火。

这时候如果有一只碧绿的蝈蝈在耳畔一叫，管保比喝了冰镇汽水还好受。

北京城里当然逮不着蝈蝈，可有远郊的农民进城来卖，他们大多是一辆加重自行车后面挂着两大串蝈蝈笼，笼子是高粱秆编就的，小巧精致，用铁丝儿把几十只笼子串联在一道，每一串都有一只大竹筐般大小，于是，密匝匝的蝈蝈们这样一溜烟地进了北京。

蝈蝈是农民们从顺义、房山以及河北一带逮来的。它们在那田野山川曾自由自在地吸饮露水，汲食野花的蜜汁，在草叶上面散步、恋爱、歌唱，一副闲散气派；忽有一日，不知从哪里伸出一只人的手掌，捂住了它，又装入一只小巧的蝈蝈笼里，便开始了都市生活。

我几乎每年夏天都要买上一只蝈蝈。

这种爱好始于童年。

在我的故乡，小孩子夏天的主要乐趣是逮蝈蝈。大肚子蝈蝈在郊外草丛间整日欢叫，诱惑着我们。而与蝈蝈竞争的，另有种鸣虫，俗称"山叫驴"。一看这名字，便可知道它们的叫声是何等嘹亮！"山叫驴"的模样和蝈蝈差不多，所不同者，蝈蝈身上穿的是"短袖"，"山叫驴"着的是"长衫"，也就是说，"山叫驴"有一双长长的翅膀。这翅膀使它们颇为自豪，常常在树丛间进行短距离飞翔，以逃避我们的追捕。而蝈蝈由于肚子大、翅膀短，只能靠弹跳的敏捷和绿的保护色来逃命，比起它的竞争对手，显得有些可怜。

但蝈蝈的叫声好听，有一种悠悠的韵味、秋野的节奏，同时翠绿可爱，较之"山叫驴"来，尤为我们所珍重，常常三只"山叫驴"也顶不住一只蝈蝈。而"山叫驴"由于仗着会飞，不大把小孩子放在眼里，这种傲慢无礼（或者说是一种笨拙）使它们极易被捕捉。总之，在我们这群小人中间，能捉到蝈蝈的人是不太多的，"山叫驴"却每每能够一捉好几只。

"山叫驴"的叫声没有间歇，翅膀上的"小镜子"一摩擦便发出极长的"吱——"声，稍歇，又是一声。于是，整个夏日便为这"吱——"声所充盈，使大人们烦闷异常。此外，"山叫驴"的性情也很凶狠，大牙齿亮亮的，什么都敢咬上一口，同伙中间也不客气，若几只放在一个笼子里，用不了一会儿工夫，管保打得昏天黑地，断腿缺胳膊。它们真有一种"驴性"。

蝈蝈喜欢在两种植物上生活栖身：一种是豆叶儿，一种是麻秆儿。豆叶儿上的蝈蝈长得清秀，浑身碧绿油亮，大肚子也显得不那么突出；麻秆上的蝈蝈则色调浓绿，更为肥壮，许是因为麻秆儿高大，蝈蝈也跟着沾了光吧！

蝈蝈虽然大腹便便，其实却机智得很，至少在当时的我们眼里，它们是一种难对付的猎物。它的叫声一起，有时仿佛就在你眼前和鼻子底下，却怎么也搜索不出，只好听任它嘲弄般地唱着小调：眼力好的孩子，偶然盯住了它，常常刚一伸手它倏忽间便隐身了，好像适才看到的只是一个幻影！当你失望地离开那草丛、那麻地时，脑后又响起它的挑衅性的欢叫——这种叫声是多么令人恼怒，又是那么令人无可奈何！至今想来，还有些耿耿于怀。

顶让人失望的，是你眼见着一只蝈蝈跳入一蓬草丛，四处搜索不着，正失望时，又发现了它，及至逮住一看，竟改变了"性别"，成了一只母蝈蝈了。这事我碰到过好几次。

母蝈蝈不会叫，肚子后边拖一把"大刀"，威风得很。这"大刀"是产卵器，专门为小蝈蝈的出生而插入土里的，按理说是极先进的一项设备。但在当年，这种母蝈蝈顶扫我们的兴！甚至将它们认作"汉奸""特务"，专门掩护公蝈蝈逃亡的坏蛋，捉到它们时，要么扔得远远的，要么踩死，要么剪断"大刀"，让它在笼子里滥竽充数，以炫耀自己逮蝈蝈的水平。

现在想来，这种做法颇不"人道"，其实若没有这些母蝈蝈的孕育，田野中的歌者无疑会绝种的。

但当时却只恨它对"丈夫"的掩护和替换，以及这种替换带给我们的无尽的懊恼和失望。

在我逮蝈蝈的历史上，没有什么过于辉煌的胜利。也许在我的故乡，"山叫驴"太多太盛，这一种族的繁衍抑制了蝈蝈们的发展，使它们在竞争中处于弱者的地位。因此，一见到北京城里贩蝈蝈的农民，心里便升起一种久远积淀下的妒忌，真不知道他们是怎样使手段逮得这么多宝贝的？

我很想在买蝈蝈时问一下，可一想到自己的年纪，便噤声。而且我知道，即便我觅到了逮蝈蝈的秘方，或是探得了蝈蝈们栖身之地的方位，也无法去弥补当年的缺憾了。

毕竟时光流逝，这蝈蝈之恋已是二十多年前的往事了。何况在马路上，以极便宜的价钱顺手买得一只蝈蝈，这本身就显示出了一种城里人兼成年人的"专利"。买回的蝈蝈，叫声很响亮，一点儿也不逊于当年自己亲手逮的蝈蝈。

然而我还是有些惆怅。蝈蝈的叫声，浑似曲翠绿色的歌，蕴含着秋野的呼唤，草叶的芳香，以及闪亮在露珠上的童年的天真，听起来悠悠扬扬，撩动人的情思。

一毛五分钱，买回一只蝈蝈，也买回一曲秋声，一缕回忆。

真值，我想……

 牵手阅读

《翠绿色的歌》是我国著名作家、儿童文学评论家高洪波的作品。在故事中，作者由遇见农民进城卖蝈蝈的场景，回忆起儿时逮蝈蝈的生动经历，语言活泼风趣，富有浓浓的生活气息。蝈蝈貌不惊人但却充满智慧，"夫妻"之间甚至会上演离奇的"替换法"来躲避孩子们的追捕，而它们的歌声也悠远动听，令人沉醉；"山叫驴"看似强大能飞，实则充满"驴"性、极易追捕，叫声也令人烦躁不安。同学们，通过阅读文章，回忆一下，你也在夏天听到过蝈蝈和知了的歌声吗？这些歌声给你什么样的感受呢？

导读

　　秋天本应该是收获的季节，而对于双腿瘫痪的作者来说，飘零的落叶、枯黄的景象让他感到心焦，对于母亲的关心也一直不放在心上，表现得很不耐烦，直到有一天母亲提议去北海看花，作者是如何回答的呢？让我们一起来看看。

秋天的怀念

史铁生

　　双腿瘫痪后，我的脾气变得暴怒无常。望着望着天上北归的雁阵，我会突然把面前的玻璃砸碎；听着听着李谷一甜美的歌声，我会猛地把手边的东西摔向四周的墙壁。母亲就悄悄地躲出去，在我看不见的地方偷偷地听着我的动静。当一切恢复沉寂，她又悄悄地进来，眼边红红的，看着我。"听说北海的花儿都开了，我推着你去走走。"她总是这么说。母亲喜欢花，可自从我的腿瘫痪后，她侍弄的那些花都死了。"不，我不去！"我狠命地捶打这两条可恨的腿，喊着，"我可活什么劲！"母亲扑过来抓住我的手，忍住哭声说："咱娘儿俩在一块儿，好好儿活，好好儿活……"可我却一直都不知道，她的病已经到了那步田地。后来妹妹告诉我，她常常肝疼得整宿整宿翻来覆去地睡不了觉。

那天我又独自坐在屋里，看着窗外的树叶"唰唰啦啦"地飘落。母亲进来了，挡在窗前："北海的菊花开了，我推着你去看看吧。"她憔悴的脸上现出央求般的神色。"什么时候？""你要是愿意，就明天？"她说。我的回答已经让她喜出望外了。"好吧，就明天。"我说。她高兴得一会儿坐下，一会儿站起："那就赶紧准备准备。""哎呀，烦不烦？几步路，有什么好准备的！"她也笑了，坐在我身边，絮絮叨叨地说着："看完菊花，咱们就去'仿膳'，你小时候最爱吃那儿的豌豆黄儿。还记得那回我带你去北海吗？你偏说那杨树花是毛毛虫，跑着，一脚踩扁一个……"她忽然不说了。对于"跑"和"踩"一类的字眼儿，她比我还敏感。她又悄悄地出去了。

她出去了，就再也没回来。

邻居们把她抬上车时，她还在大口大口地吐着鲜血。

我没想到她已经病成那样。看着三轮车远去，也绝没有想到那竟是永远的诀别。

邻居的小伙子背着我去看她的时候，她正艰难地呼吸着，像她那一生艰难的生活。别人告诉我，她昏迷前的最后一句话是："我那个有病的儿子和我那个还未成年的女儿……"

又是秋天，妹妹推我去北海看了菊花。黄色的花淡雅，白色的花高洁，紫红色的花热烈而深沉，泼泼洒洒，秋风中正开得烂漫。我懂得母亲没有说完的话。妹妹也懂。我俩在一块儿，要好好儿活……

 牵手阅读

史铁生是当代最令人敬佩的作家之一，他的写作与他的生命完全结合在了一起。他的散文《我与地坛》鼓励了无数人。这篇《秋天的怀念》是史铁生对已故母亲的回忆。又是一年秋天，作者在妹妹的陪伴下终于看到了母亲期待已久的北海盛放的菊

花，而此刻母亲却早已不在身边。文章描写了很多母亲的小细节，"悄悄地躲出去""比我还敏感""又悄悄地出去了"等，表现出母亲对作者的充分理解以及给作者的无私关怀与爱。文中对于已故母亲的追忆，表达了史铁生对于母亲深切的怀念，以及"子欲养而亲不待"的悔恨。是母亲，让双腿残疾的作者明白了要热爱生活，要时刻保持热忱和希望。同学们，你与自己的母亲发生过矛盾吗？当时是怎么解决的？

我们知道一年四季的风都不太一样，特别是冬天，风变得寒冷刺骨，天上还会下雪。可是在很久以前，风不是这样的，这就要从一个苦孩子的故事说起了。

四季的风

严文井

很久很久以前，有一个苦孩子。当他很小的时候，就没有了爸爸和妈妈。他常常是很寂寞的，他一个人住在荒野里的一个小茅屋里，没有人同他玩，也没有人同他谈话。只有一个奇怪的朋友和他要好，那就是风。风很喜欢他，无论怎么样，只要风经过小茅屋的时候，总要溜进来同他说几句话，玩一玩，而且送给他一点食物。因此，苦孩子才能独自一人在荒野的小茅屋里活下来。

春天，苦孩子病了，躺在小木床上十几天不能起来。一天，风来了，知道他生病了，风就坐在床边陪着他，一边轻轻地同他谈话，一边轻轻地抚摸他的头发。风是很欢喜旅行的，这次风刚从一个很远的地方旅行回来，就把自己在路上所看到的种种奇奇怪怪的事情讲给苦孩子听，随后还告诉他春天来了的消息。

苦孩子说："是吗？我记得春天的野外是很好玩的。我真想出去玩玩。这屋子太黑，一点也不好玩。"

风说："你想出去玩玩是很好的，不过你是在害病，走不动呵！"

苦孩子很忧愁地点点头说："对，我是走不动，我两条腿太没有力气了，要不我早就跑出去玩儿了。"他又问风："你看见花开了没有？"

"看见了，开了很多。我也听见了各种各样小鸟的歌唱。"

苦孩子小声说："我也想听听小鸟的歌唱。我特别欢喜在草地上听黄鸟的歌唱。但是我不能出去……"说到这里，苦孩子想哭了。风就安慰他说："好孩子，不要难受！我可以替你想办法，让你在屋里也一样可以享受春天的快乐。"

于是，风转身就出去了。一会儿，风回来了。他带来了苦孩子心里所想念的各种东西。他带来了各种花的香味，青草的气味，以及各种小鸟歌唱的声音。

苦孩子说："的确，春天来了。"

他就微笑着睡去了。

苦孩子睡着以后，风才悄悄地飞出了小茅屋。

夏天到了，苦孩子的病还没有好。有一天，风又来看他。

苦孩子问："外边好玩吧？"

风回答说："很好玩，外边很热闹，夏天到了。"

"你怎么知道呢？"

"我看见一些水果已经成熟了，所以知道夏天到了。"

听见说水果，苦孩子就说："好朋友，给我弄一个水果来吧！如果我现在吃下一个水果，我的病就会好了。"

风说："不要着急，不要着急，我替你去找一个。"

"快点回来呵！现在我真想吃水果，想极了。"

"我一定很快回来。"

于是风转身就出去了。

风飞到了一个果园里。那里有一个人看守着。风刚从树上摇下个水果来，那看守人就过来把它拾起来了。风不能从他手里抢下那个水果，只好飞到另外一个果园想办法去。

另外一个果园也是一样有人看守着，风没有从那里弄到一个水果。风一连到了好几个果园。那些果园都同样地有人看守着。风什么也没有弄到。

风心里很着急，因为他已经出来了这么久，怕苦孩子的病变厉害了。最后他在一个山坡上向一棵野杏树要到了一个又小又酸的杏子。

风飞到小茅屋里，苦孩子已经昏昏迷迷地睡着了。风轻轻地摇醒他，把杏子交给他。他睁开眼看看杏子，摇摇头又闭上了眼睛。因为时候太晚，他的病已经加重，他什么都吃不下了。

风觉得很难过。要是他能早一点弄到一个水果就可以使苦孩子愉快，甚至可以使他的病好起来，但是现在已经太晚了。他替苦孩子伤心，飞出茅屋的时候，他哭了起来。

秋天到了，苦孩子的病又沉重了些。有一天风又来看他。

苦孩子对风叹气说："好朋友，我已经躺了这么久了，我真想出去玩玩。"

风说："是啊，但是你的腿没有力气怎么办呢？"

苦孩子不说话就哭了。的确，他是太没有力气了，他坐都坐不起来，怎么能起来出去玩呢？

风小声哄着他说："不要哭，不要哭，我们在屋里也一样可以玩。你看，你看我跳一个回旋舞吧。"

于是风就在小茅屋内旋转着舞蹈起来。

门外有几片小红叶，看见这情形也说："我们也一起来跳吧。"

于是他们跳进屋来，也和风在一起旋转着舞蹈起来。风一边跳舞，还一边"嘘——嘘——"地尖声唱着。苦孩子心里快活了些，就轻轻地拍着掌替他们打拍子。一直到疲乏极了，他才垂下手睡着了。风就悄悄地离开了小茅屋。

冬天到了，苦孩子的病更加沉重了。有一天，风又来看他。

苦孩子没有木炭烧，没有棉衣穿，冻得非常厉害。风来的时候，他已经冻得快说不出话来了，他只能发着抖简单地告诉风说："我冷。"

风完全懂得了这情形，就说："我马上替你想办法。勇敢一些！只要你能坚持一会儿，再坚持一会儿，我会很快回来的。"

于是风就转身出去了。他去拜访一个阔气的人家。那阔气人家的屋子里有一个大火炉，火炉周围坐了好几个大胖子。火炉里的火是那样旺，烤得那几个大胖子脸上都在流汗了。风很有礼貌地对他们说："先生们，请你们做一点好事，给我一点木炭吧，有一个害病的苦孩子现在冻得很厉害，冻得都几乎要死了。"

一个胖子站起身大声吼叫说："什么害病的苦孩子！我们不认得他，他冻死了同我们有什么关系！"

于是他们把风赶出去，把窗子关上了。

风一连拜访了几个阔气的人家。结果，他们都以同样的回答把风赶了出来。

最后，风从一所大楼房里被赶出时，在院子外遇见了一个小使女。那使女对他说："你刚才对我主人说的话我都听见了。我知道有这样的一个苦孩子，虽然我不认得他，没有见过他，但他不应该冻死，让我想点办法来帮助他吧。"

她想了一会儿，就从自己身上仅有的那件破棉袄里扯出了一些棉花交给风。她说："这点棉花总可以给他一点温暖，希望他快些好起来吧！"

风摸摸她的头发说："你真是一个好女孩，谢谢你！"

风带着棉花飞到小茅屋里，但是已经太晚了。苦孩子已经永远地睡着了，再也不会醒来过这样寂寞和痛苦的日子了。风把棉花盖在他身上，然后吻了他一阵。风慢慢地哭了起来。

风坐在他的可怜的朋友身旁哭了好久，后来他突然站起身，暴怒地喊叫道："你们这些人太没有同情心了！我发誓一定要你们都尝尝苦孩子所受的冰冷的滋味！"

于是他大声吼叫着飞出了小茅屋，大声吼叫着带着刺骨的寒气向四方吹去。

现在，我们就懂得四季的风为什么有些不同了：那就是因为世界上曾经有过一个苦孩子的缘故。春天的风带来花的香味同小鸟的歌唱，使我们觉得愉快，那是因为风在想使苦孩子变得愉快；夏天的风总是带来雨水，那是风在哭，哭苦孩子的不幸，没有吃着他弄来的野杏；到秋天，我们见到风常常和落叶在一起旋舞着，而且尖声地歌唱着；冬天，我们就见到风是狂暴的，他愤怒地吹呀，吹呀，要把这个世界上所有的罪恶都扫荡得干干净净。我们还可以看见那个小使女的棉花在风里飘滚，但是那棉花没有什么人可以用它来做一件棉衣，我们把那棉花叫作"雪"。

春天的颜色

牵手阅读

　　这是一篇构思极为精巧的故事，情节环环相扣，引人入胜，让我们不禁好奇苦孩子的最终命运是什么。外面世界的精彩与苦孩子的孤独凄苦形成了强烈的对比。由于人们对苦难的冷漠，风在冬天带来了刺骨的寒冷，而唯一饱含善意的棉花则成了飘在空中的雪花。作者用一种温情与批判交融的手法，把四季的风的变化、雪花的由来，化成了充满诗意的表达，令人感动。大家想一想，为什么富人不愿意帮助苦孩子，贫苦的使女却愿意帮助呢？他们之间最大的差别在哪里呢？

童话故事中的哲理

导读

小狐狸是狐狸先生的儿子，一天，猫头鹰老师让小狐狸用"真奇怪"造句。小狐狸造句后，狐狸先生却气得发疯，这是为什么呢？

狐狸先生的逸事

张秋生

真奇怪

狐狸先生送儿子上学去。

猫头鹰老师让小狐狸用"真奇怪"造句。

教室窗外，狐狸先生和其他家长们都围着看。

小狐狸得意地说："我爸爸在家吃鸡的时候露出一颗颗尖牙齿，好厉害；我爸爸在外面微笑时，一颗尖牙齿也看不见，真奇怪！"

狐狸先生气得发疯，露出了满嘴尖牙。

接着，他马上捂紧嘴巴，露出动人的微笑。

周围的家长们不禁惊叹起来："真奇怪！"

盐和辣椒粉

狐狸太太睡觉的时候，怀里揣了个盐瓶子，狐狸先生问她是怎么回事。

狐狸太太说："我昨晚做梦吃鸡的时候，没带盐，所以吃得太淡而无味了。"

不一会儿，狐狸太太就睡着了，狐狸先生赶快把她的盐瓶换成辣椒粉瓶。

他高兴地想：太太是不吃辣的，等她把辣椒粉当盐撒在鸡上，这鸡不就归我了吗？

牵手阅读

　　第一个故事讽刺了狐狸先生的虚伪，也是在告诉我们，应该真诚待人，表里如一。第二个故事里，狐狸先生把太太的盐换成了什么？他为什么要这么做？

导读

冬天到啦，小动物们要准备过冬啦。可是有些小动物没有准备好粮食，他们该怎样度过这个冬天呢？仓老鼠有很多粮食，他会不会借给大家呢？

仓老鼠和老鹰借粮

汪曾祺

仓老鼠和老鹰借粮，——守着的没有，飞着的倒有？

——《红楼梦》

天长啦，夜短啦，耗子大爷起晚啦！

耗子大爷干吗哪？耗子大爷穿套裤哪。

来了一个喜鹊，来跟仓老鼠借粮。

喜鹊和在门口玩耍的小老鼠说："小胖墩，回去告诉老胖墩：'有粮借两担，转过年来就归还。'"

小老鼠回去跟仓老鼠说："有人借粮。"

"什么人？"

"花喜鹊，尾巴长，娶了媳妇忘了娘。"

"哦！喜鹊。他说什么？"

"小胖墩，回去告诉老胖墩：'有粮借两担，转过年来就归还。'"

"借给他两担！"

天长啦，夜短啦，耗子大爷起晚啦。

耗子大爷干吗哪？耗子大爷梳胡子哪。

来了个乌鸦，来跟仓老鼠借粮。

乌鸦和在门口玩耍的小老鼠说："小尖嘴，回去告诉老尖嘴：'有粮借两担，转过年来就归还。'"

小老鼠回去跟仓老鼠说："有人借粮。"

"什么人？"

"从南来了个黑大汉，腰里别着两把扇。走一走，扇一扇，'阿弥陀佛好热的天！'"

"这是什么时候，扇扇？！"

"是乌鸦。"

"他说什么？"

"小尖嘴，回去告诉老尖嘴：'有粮借两担，转过年来就归还。'"

"借给他两担！"

天长啦，夜短啦，耗子大爷起晚啦！

耗子大爷干吗哪？耗子大爷"咕嘟咕嘟"抽水烟哪。

来了个老鹰，来跟仓老鼠借粮。

老鹰和在门口玩耍的小老鼠说："小猫菜，回去告诉老猫菜：'有粮借两担，转过年来不定归还不归还！'"

小老鼠回去跟仓老鼠说："有人借粮。"

"什么人？"

"钩鼻子，黄眼珠，看人斜着眼，说话尖声尖气。"

"是老鹰！——他说什么？"

"他说：'小猫菜回去告诉老猫菜——'"

"什么'小猫菜''老猫菜'！"

"——'有粮借两担'——"

"转过年来？"

"——'不定归还不归还！'"

"不借给他！——转来！"

"……"

"就说我没在家！"

小老鼠出去对老鹰说："我爹说他没在家！"

仓老鼠一想：这事完不了，老鹰还会来的。我得想个办法。有了！我跟他哭穷，我去跟他借粮去。

仓老鼠找到了老鹰，说："鹰大爷，鹰大爷！天长啦，夜短了，盆光啦，瓮浅啦。有粮借两担，转过年来两担还四担！"

老鹰一听，气不打一处来：这可真是："仓老鼠跟老鹰借粮，守着的没有，飞着的倒有！"

"好，我借给你，你来！你来！"

仓老鼠往前走了两步。

老鹰一嘴就把仓老鼠叼住，一下飞到树上，两口就把仓老鼠吞进了肚里。

老鹰问："你还跟我借粮不？"

仓老鼠在鹰肚子里连忙回答："不借了！不借了！不借了！"

作者汪曾祺是中国当代著名作家，他的小说充满"中国味儿"。这篇小故事也同样有着中国味道。故事里每句对话都像歇后语一样朗朗上口，如："花喜鹊，尾巴长，娶了媳妇忘了娘。"不仅是歇后语的形式，而且合辙押韵。"天长啦，夜短啦，耗子大爷起晚啦！"这句话也有着另一层意思，"天长夜短"意味着秋分过后，白昼渐短，黑夜渐长，寒冷的冬天要来了，这是自然界的规律。作者把时间隐藏在对白里，不得不说十分巧妙。你能运用这些对白加上自己的动作，把这个故事表演给同学们吗？

导读

一个完全幸福的人，该是什么样子的呢？为了拿到幸福人的衬衣，国王找遍了整个国家，可是没想到，最幸福的人居然是这样的……

幸福人的衬衣

意大利童话

国王有个独生儿子，国王把他看作掌上明珠。可是王子总是不快乐，天天在窗前呆看天空，消磨时光。

"你到底缺什么呢？我的孩子，"国王关心地问道，"哪儿不称心呢？"

"父亲，我自己也搞不清楚。"

于是，国王想尽办法要使儿子快乐起来。可是，让他看戏，举办盛大舞会或音乐会，所有这一切都无济于事，王子的脸庞失去了往日的红润，渐渐消瘦了。

国王发布了招贤榜。世界上一些最有学问的哲学家、博士、教授纷纷从各地赶到。国王让他们看了王子，并征询他们的看法。众多聪明的学者认真思考了好一阵后，对国王说："陛下，我们仔细考虑了王子的情况，还研究了星相，认为您必须做这样一件事，找一个幸福的人，一个完全幸福的人，把王子的衬衣跟他的衬衣调换一下。"当天，国王就派出大使到世界各地寻找幸福的人。

一个神父被召来见国王。

"你幸福吗？"国王问。

"是的，我确实很幸福，陛下。"

"很好，你做我的主教怎么样？"

"啊，陛下，我正求之不得呢！"

"滚！给我滚得远远的！"国王咆哮起来，"我要找的是一个真正幸福的人。一个总想得寸进尺的小人是不会幸福的。"于是，大使又重新开始搜寻。

不久，国王听说有位邻国国王，人们都说他是个真正幸福的人。他有个贤惠、美丽的妻子，而且子孙满堂。他打败了所有的敌人，国家康泰安宁。国王又看到了希望，马上派使臣去见邻国的国王，想向他要一件衬衣。

邻国的国王接见了使臣，说："不错，凡是人们想要的东西我的确都有了。不过，我仍然满腹忧愁，因为总有

也跟到哪儿。它还偷偷地看着二胖的脸。咦！还真有点像呢！"乐——乐——乐——"小猪不由得笑起来，小尾巴"唰"的一下打了个卷儿，一摆一摆的。

"去，去，去，滚！"二胖一回头，发现身后的小猪，顺手从地上拾起一根木棍。

小猪哆嗦了一下，赶紧往旁边一跳。二胖是不是开玩笑？当它看见二胖真的生了气，只好怏怏地走开了。

它去请教一只叫作"三花"的猫。

"哧……"三花笑得在床上缩成一团，像个毛线球似的滚来滚去。

"哎呀呀！如果说谁长得像猪，那就是在骂谁呀，懂不懂？"三花一面喘着气，一面用爪子揉着笑得发疼的肚子。

"什么？"小猪几乎不相信自己的耳朵，"那，那我成了什么了，不成了坏蛋了吗？"

"成了什么我不知道！"三花摇摇头，"反正说谁样子蠢，就说他长得像猪！"

小猪打着卷的尾巴没劲地耷拉下来了。

整个下午和晚上，小猪不吃也不喝，歪着身子躺在暖烘烘的烂泥里，翻来覆去地睡不着。它不知道什么时候落下了这么多不好的名声。

第二天早晨，当二胖开门的时候，猫呀鸡呀都一齐拥进屋里向二胖要吃的。小猪也低着头，跟着大家挤了进去。万万没想到，二胖却单单把它赶了出来。

小猪独自站在门口，都快哭啦！

这时候，看门的大黑狗过来安慰它："别难过，你看你身上这么脏，怎么能进屋啊？"

小猪抬起头，看看狗，看看猫，再看看鸡，大家的毛都是油亮油亮的，可是自己身上却沾满了污泥，难怪主人不欢迎。小猪决定到河里去洗澡。一到河边，它又转回来了，因为它想起它还不会游泳。

小猪无精打采地站在那儿，跟谁也不说话。一阵凉风夹着雨点噼里啪啦地落到地上。大家都躲了起来，只有小猪一动不动地站在那里，任凭雨水从它头上、身上浇下来。它只是偶尔晃一下脑袋，不让雨水流到眼睛里去。

雨停了，小猪身上的污泥被冲得一干二净。小猪连连打着喷嚏，可心里很高兴。它兴冲冲地走到二胖跟前，一会儿在前，一会儿在后，还在二胖前边跳起来，在空中打了个旋儿。它想，二胖一定会说："哟！这是多么干净的一只小白猪啊！"

"给您什么，陛下？"

"我的儿子快要去世了！只有你能救他。快过来！"国王一把抓住小伙子，去解他上衣的扣子。突然，国王愣住了，垂下了双手。

这个幸福的人根本没穿衬衣。

牵手阅读

完全幸福的人是什么样的人呢？不是居于高位的神父，不是拥有一切的国王，却是乡间葡萄园里的一个穷小子。

他对现有的一切都感到满足，即使拿荣华富贵和高官厚禄跟他交换，他也不愿意。但他没有穿衬衣。幸福不是别人给的，它只有自己才能感觉到。

幸福不在于你拥有多少，而在于你能从现有的生活里感受多少。同学们，你认为什么才是幸福呢？你经历过最幸福的事是什么呢？

导读

可爱的小猪想要讨得主人的欢心。为此，它改掉了自身脏和懒的坏毛病，但却在找心眼儿的过程中遇到了一些波折，这到底是怎么样一回事呢？让我们一起去看看吧！

找心眼儿的小猪

张之路

吃得饱，睡得着。小猪无忧无虑地生活了三十天。可是，到了满月的那个晚上，它却失眠了。

白天，它的小主人二胖和隔壁的小三子一起下跳棋，小猪在一旁傻乎乎地观战。下了一会儿，不知为什么，二胖的脑门上皱起了一条小沟。小三子大概是高兴了，笑嘻嘻地指着二胖说："你简直像只小猪！"

二胖一下子从板凳上跳起来，虎着脸，提起小拳头，吓得小三子一溜烟似的逃掉了。

小猪兴致勃勃地跟在二胖身后。二胖走到哪儿，小猪

那么一天，我不得不扔下这一切离开人世。为这事，我夜里睡觉也不安稳呢。"聪明的使臣们想，还是不带回这位国王的衬衣为妙。

很多天过去了，国王还是没能找到一个完全幸福的人。

国王没办法，便到树林里打猎散心。他开枪打中了一只野兔，但只是伤了它的一条腿，野兔拖着瘸腿奔跑着。国王奋力追赶野兔，把随从远远抛在后面。这时，树林外传来了一阵动听的山歌声，国王听着听着，便收住了脚步，心想："这样唱歌的人必定是个幸福的人！"

国王循着歌声来到了一座葡萄园。在那儿，一个快乐的小伙子正唱着歌修剪葡萄藤。

"您好，陛下。"小伙子跟国王打招呼，"这么早您就到乡下来啦？"

"小伙子，你愿意跟我去京都吗？你将成为我的朋友。"

"多谢您了，陛下！这种事儿我根本不想，即使罗马教皇跟我换个位子我也不干。"

"为什么呢？像你这样能干的小伙子……"

"不，不，跟您说吧，我对我现有的一切感到心满意足，其他的我毫无所求。"

我终于找到一个幸福的人了，国王想。

"听着，小伙子，帮帮我吧。"

"只要能做到的，陛下，我一定尽力效劳。"

"等等！"国王说道，他再也抑制不住内心的喜悦，急忙跑回去对他的随从们说："跟我来，我的儿子有救了！我的儿子有救了！"接着，他带着他们来到小伙子身边。

"我的好小伙子，"他说，"不管你想要什么我都会给你的，但是，你得给我……给我……"

可是，二胖居然连看也没看它一眼，只是说："哼！这只傻小猪！"说完走进屋，"砰"的一声关上了门。

小猪伤心地哭起来，大家都来安慰它。

"唔，唔……我也不睡懒觉了，我也爱干净了，为什么还不理我？为什么还叫我傻小猪？"小猪委屈地说。

"据我所知，懒、脏和傻，这是三件事。二胖他们说谁傻，就说明谁缺个心眼儿，你的关键是缺少一个叫'心眼儿'的东西。"三花很严肃地说。

小猪也不哭了。它下决心要找到三花说的这个"心眼儿"。

大家都去午睡了，只有小猪在那里发愣。突然，它听到了一个很小很尖的声音："小懒猪，怎么不睡觉呀？"

小猪顺着声音找去，看见一只老鼠。

"心里有事，睡不着，是不是？"

小猪不理它。

"哼！猪鼻子里插葱——装象。傻小猪儿能有什么心事？"

这下，小猪火了："当然有！我在找心眼儿！"

听见这话，老鼠放声大笑起来，笑声就像是谁在吹哨："找心眼儿！为什么不问问我？"

小猪奇怪地看着它。

"你想想，为什么三花总抓不住我，不就因为我有好多好多心眼儿吗？"

小猪心中一动，刚想说"给我一个怎么样"，可又一想，向小偷要东西是件不光彩的事，于是它说："你知道别的地方还有心眼儿吗？"

老鼠把头一仰："哎呀！遍地都是，就看你找不找！"

小猪跟着老鼠来到了一块花生地里。

"心眼儿就埋在土下边！"老鼠说完就坐在一个土块上。

小猪闭上嘴用鼻子使劲地拱土，没几下，一大串花生

导读

神话传说中，每当法力无边的九头鸟飞过天空之时，就会给顽皮贪凉的小孩送去疾病与灾祸，这是真实可信的吗？文中的母亲和孩子们又是如何抵御九头鸟的呢？让我们一起到文中寻找答案吧！

九头鸟飞过的夜晚

任大星

我小时候，因为生活在农村，对季节变化很敏感。不论春、夏、秋、冬，只要大地万物在不知不觉中改换了新装，新的景象都能给我带来新的生活情趣和欢乐。即使是到了凄风苦雨的深秋天气，那萧萧淅淅的风雨声，也能给我的生活增添一股说不出的迷人色彩，令人依恋不舍。

特别是一年一度九头鸟飞过的夜晚，更是我童年生活中的一大快乐。究其原委，也许是因那里面包含着人生最大幸福之一的母爱的温暖吧。

深秋季节的风雨夜，天气骤然变冷了，我和我弟弟的身上自然都已经添上了带有樟脑丸气息的夹袄夹裤。屋外风声萧萧，雨声淅淅，风雨声一阵比一阵紧密。檐头的泄水声又急促又单调，使人听了只想早点躲进被头里去。墙外的树枝和竹梢老是在玻璃上探头探脑，探一下就在窗玻璃上粘上几片带水的枯叶。

黄昏已静，但隔壁柴间里早就入窝的鸡鸭还时不时地发出互相挤动的低语声，很有点忐忑不安的意思。

这一切使我们卧室里的一盏豆油灯的灯火看上去也好像比平时暗淡得多，难以赶走四面屋角里的阴冷气。

妈妈在翻找夹衣的同时，随着捧出了我们的棉袄棉裤，这时候正在灯下拆了又缝，缝了又补。她一边忙着手中的针线活，一边却总是神情恍惚地在风雨声中聆听着些什么，久久都不说一句话。

根据往年的经验，我和弟弟心里都很清楚：妈妈肯定又是在留意着九头鸟的叫声了。因为只有在这种凄风苦雨的深秋，九头鸟才会出窝，才会从我们头上飞过。

妈妈害怕九头鸟，就像是害怕一个法力无边的凶神恶煞一般。

听妈妈说，九头鸟是一只比大鹏鸟还大的鸟，叫声可

父母与子

从土里露出来。

老鼠走过来，咬开几个尝了尝："不好！心眼儿又跑到前边去啦！"

于是，小猪又拱出一串花生。

"好啦，吃吧！"老鼠说。

"不吃！"小猪知道地里的东西二胖不让吃。它咽了咽口水："你说的心眼儿呢？"

"嘻……"老鼠笑了起来，"傻小猪，你还不知道，这就是心眼儿，谁能弄到好吃的，谁就算有心眼儿。"老鼠一边吃花生一边说。

"这不是撒谎吗？"

"嘻嘻……撒谎也是一种心眼儿。我要不撒谎，怎么能吃到花生呢？"老鼠得意地说。

小猪想了好大一会儿才明白老鼠的意思。它以为心眼儿是什么好东西呢，噢！原来是这么个坏家伙！

"呸！我不要这个坏东西！"小猪说完把尾巴一撅，愤愤地走了。

从此以后，小猪再也不找心眼儿了。它宁肯不要！大家说它是傻小猪，它也不生气，照样在泥里打滚儿，高兴的时候还跳起来打个旋儿，无忧无虑地生活着。

　　《找心眼儿的小猪》是国际安徒生提名奖获得者张之路的作品，该篇童话活泼可爱，语言轻松风趣，带领读者从小猪的烦恼中收获自我的成长启迪。在文中，小猪为了获得主人的喜爱，努力改掉了自身脏和懒的毛病，但无奈还是没有讨到主人的欢心，于是开始努力寻觅"心眼儿"。而在与小老鼠的交流中，小猪最终发现"心眼儿"不是一个良好的品质，于是决心不再寻找。这也启示我们，要保持内心的真诚与正直，坦率待人、做事。那么同学们，文中的小猪给你留下了什么样的印象？你赞同小猪放弃找"心眼儿"这一决定吗？

以传遍无数个村庄。它本来长着十个头，但其中有一个头，被二郎神的"哮天犬"咬掉了。这样，那一个没了脑袋的头颈上，就时时都在流血流毒。当它在黑黑的天空里飞过的时候，那留着的九个头，一边朝地上四处张望，一边就相互商量着唧唧啾啾地说话，以便找到有灯火的村庄，尽往那儿滴血流毒。它飞过的村庄，总会被它洒上几滴血和几滴毒，散入在风雨中，如若有谁到了秋凉以后还赤身露体不多穿几件衣服，那就最容易沾上这种不祥的血毒，一

到第二年开春以后，准得发瘟病，而且往往凶多吉少，得不到好结果。

妈妈大都在夏天还没完全过去以前，就给我们讲这个可怕的传说故事了，今年讲了，明年还讲，只怕我们把她的话当耳边风，临到寒气骤重的风雨夜，把这个险恶的人间灾祸给忘记了。

她自己对这个传说故事是完全信以为真的，因而她总是只敢在风和日丽的大白天里讲到九头鸟。九头鸟身上还留着九个头，长着十八只耳朵，到了它唧唧啾啾地飞越人间大地的时候，那可千万不能提到它的名字——它原本是一只十头鸟，最忌讳的就是人们把它叫成九头鸟。

我对妈妈讲的这一切，一直都是半信半疑的。不过，每年秋天遇上九头鸟可能出窝的夜晚，那萧萧淅淅的风雨声和越来越重的寒气也的确会给我带来一股异样的神秘感，既使我畏惧又使我兴奋，反而只想早点听到九头鸟的叫声了。

我弟弟显然和我是一样的心情，他常常会口没遮拦地问："妈妈，今晚上九头鸟该出窝了吗？怎么到现在还没听到它飞过的叫声啊？"

"住嘴，别乱嚷嚷！"妈妈差点要用缝衣针戳我弟弟的快嘴了。她赶紧把弟弟的夹袄领子扣好。"今天这天气，

导读

母亲的生日临近了，芳儿摘取天边无数璀璨的星儿，做成美丽的星环送给妈妈。这样的礼物真的可以做成吗？芳儿又是怎样想到这个点子的呢？让我们一起到文章当中寻找答案吧！

芳儿的梦

叶圣陶

芳儿看姊姊采了好许多凤仙花，白的，红的，妃色的，碎锦的，将细线扎起来，扎成个大而圆的球。她扎好了，挂在窗前看着，只是笑。那个球摇晃不定，花瓣微微抖动，仿佛怕羞的样子，芳儿就想道："这差不多像学生们踢的大皮球，白挂在那里做什么，凤仙枝上若是开了这样一个大球，我就好踢了。现在姊姊只是对它笑笑了，它就会升上天去吧……"

芳儿没有想完，姊姊就回转来问他道："明天母亲生日，你送什么东西给她作礼物呢？你看我这花球多好！花是我种的，又是我采的，又是我扎的。母亲看见了，一定说我聪明，并且爱她呢。"

芳儿听说，就想："姊姊有礼物，我自然也要送一点礼物。我的礼物比她好呢。送小猎狗罢？不行，小猎狗是母亲给的，怎能就送还她呢？送积木罢？不行，积木是舅舅给的，母亲带回来的，怎能将她手里拿过的东西就送给她呢？送大丽花罢？也不行，大丽花和凤仙花同是花，怎能将和姊姊相仿的东西送给她呢？"

芳儿这样想，心里就不自在起来。他不要看大花球了，只坐在小椅子上默想。他想到树林里的香草，小坡上的小石子，溪边的翠鸟，山泉里的金鱼，他想到一切家里所有的东西，街上所有的东西，山野所有的东西，总觉都不适宜，不配送给母亲作生日的礼物。他要一种世间所少有的东西，少到独一无二的东西，给他取得了，送给母亲。这样才可使母亲有梦中也想不到的欢喜；才可表示对于母亲的爱，是深到海也比不上的。

但是这一件东西在哪里呢？

月亮儿起来得早呵，她在屋角窥芳儿呢。天井里的一角亮起来了，闪在黑暗里的篱笆上的游龙草，也发出光彩

九头鸟！深秋时节第一次出现风雨连绵的天气，群鸟不安，弃了旧窝想找新窝——白天你们不注意，夜晚心静，便听到了它们飞过时栖栖惶惶的鸣叫声，何必庸人自扰！"

妈妈当然不相信爸爸这一番轻描淡写的话。她据理力争，说，自古以来山里山外都有这个说法，做了妈妈的人谁都是这么做的——她可不想对孩子太粗心大意。

"是嘛，爸爸，妈妈说的并不错。"我顾不得爸爸骂我头脑糊涂，在一旁插上了嘴，"要不，为什么每年开春以后村村都闹时疫，小孩子又死得特别多？"

这也许是我一生之中在爸爸妈妈面前说过的唯一的一句违心话。

爸爸显然还想说什么，但他一见弟弟在还未听到唧唧啾啾的鸣叫声以前，就尽往妈妈的怀里挨，而且满脸都是期待的神气，就知道我们兄弟两个都是站在妈妈一边的。

爸爸不再说什么了。他的脸上虽然还是带着笑意，却乖乖地听从妈妈的主意，呼一声及时吹熄了油灯，也和我们母子三个紧挤在一起了。唧唧啾啾，唧唧啾啾……

我真希望九头鸟的叫声别再是那样一掠而过，匆匆消逝，这就可以让我和小弟弟在妈妈温暖的怀抱里躲藏得更久更久……

任大星，著名儿童文学作家，著有儿童小说《吕小钢和他的妹妹》《小小男子汉》等作品。在《九头鸟飞过的夜晚》中，作者以细腻且充满生活气息的语言，讲述了母亲与孩子间的温情故事。文章借助"九头鸟"的传说，营造了神秘的气氛。文中，母亲对孩子深厚无私的爱以及孩子对母亲的依赖，也通过母子相互依偎、静静听鸟群飞过的温馨场面得以流露。"九头鸟"的传说使母爱汩汩流淌，这也成为作者毕生难忘的时刻。母爱是我们生命的皈依，是温暖的源泉。那么同学们，文中的父亲为何由拒不相信转为不再言语？"我"又为何要说出违心的话呢？

你们做完功课还是早点上床的好……"

"不，我要等……等它飞过了再睡觉！"弟弟总算把应该避讳的给避讳了。

是的，事情的结果多半不会使我们失望。

我们很快发现妈妈脸上突然出现了庄严肃穆的神气，就知道我们的期待并没落空，那一个令人毛骨悚然而又无限欢快的重要时刻终于来临了。

这时刻，妈妈的听力总是比我们兄弟两个还灵敏。她突然一把拉过我们兄弟两个，一只手臂里一个，一下子就把我们紧紧地搂抱在她的怀里，唯恐我们身体的某些部位暴露在她的遮掩之外。她抱得那样紧，那样尽可能地严密，都使我们有点透不过气来。

但实际上，妈妈不可能凭借她的手臂、肩胛和胸膛把我们完全遮掩起来，尤其是我们的耳朵——我们的耳朵总是极力从妈妈的胳肢窝下往外伸探着。好在妈妈已经吹熄了油灯，她看不见我们的耳朵。

听吧，一阵唧唧啾啾的鸣叫声果然从远远的什么地方时断时续地传来了。它很快由远而近，由疏而密，由轻微而逐渐清晰，迅速掠过我们屋子的上空或者是屋子上空近侧的什么地方。

唧唧啾啾，唧唧啾啾，那的确像一大簇相互挤在一起的鸟头在那儿低声悄语地商量着些什么，又阴险，又狡猾，而且还带有某种哀愁凄切味。

随着这异乎寻常的鸟叫声的出现，萧萧淅淅的风雨声也异乎寻常地加紧了，这就更加增添了满含凄凉意味和恐怖气氛的神秘感。我仿佛觉得屋外的密雨斜风中已沾满了散发着腥臭味的血毒。屋子里成了漆黑一片，寒气也越发加重。幸而妈妈的身子是温暖的，而且比平常时候还温暖得多，这毕竟给了我极大的安全感。

喜欢多嘴的弟弟也异乎寻常地沉默着。他的整个身子都已经蜷缩在妈妈的怀抱里。

九头鸟的叫声很快由近而远，由密而疏，由清晰而逐渐变得轻微，最后便消失在远远的夜空尽头。

但妈妈还是紧紧地搂抱着我们兄弟两个的身子不肯松手。这时候我才注意到，妈妈嘴里还不住地小声说着话，也许是在默祷那万恶的九头鸟别把瘟病的灾祸投向人间大地吧？

我记得，大概到了我小学即将毕业的那一年秋天，经常生活在异乡的爸爸正好赶在九头鸟飞过的夜晚回到家里来了。他见了妈妈惊慌失措的神态，笑了，说道："什么

了。记得日里头看这些游龙草就像姊姊的新衣似的，鲜绿的地绣上许多小红花。现在颜色变了，红的绿的都罩着银光了。

芳儿被月儿窥了一窥，他的眼睛自然地抬起来。

"月亮姊姊，你出来得早呀！我要送一件东西给母亲，作她生日的礼物。这件东西要美丽，要稀有，要使母亲有梦中也想不到的欢喜，要表示我对于母亲的爱，深到海也比不上。你是聪明的月亮姊姊，一定知道这件东西，告诉我罢。"

月亮只是微笑。但是她走得近一点了，她的全身活泼泼地全对着芳儿了。

在月亮的旁边，浮着些清淡的云儿。他们穿了洁白的衣裳，衣角和带子飘起来，仿佛跳舞的女郎。他们恐怕月亮寂寞，所以陪着她；恐怕月亮力乏，所以扶着她。芳儿又告诉他们，并且请求道："云儿哥哥们，你们伴着月亮姊姊出游吗？我要送一件东西给母亲，作她生日的礼物。这件东西要美丽，要稀有，要使母亲有梦中也想不到的欢喜，要表示我对于母亲的爱，深到海也比不上。你们是聪明的云儿哥哥，一定知道这件东西，告诉我罢。"

云儿们只是拥着月亮姊姊，在深蓝色的帷幕内跳舞，前进。

　　芳儿想他们玩得耳朵也没有了，他们真开心。就将小椅子移到天井里，自己坐着，抬起了头，看他们跳舞。起先，月亮跳着急促的小步，云儿们一侧一摇地跟着，白衣裳飘浮得更好看了。后来，月亮似乎疲倦了，立定在中天。云儿们也就慢慢地徘徊，等候他们的舞伴；这时候，他们的衣裳直垂下来了。

　　芳儿趁这个当口，又将心事说了，并且请求一回。他再留心看天上月儿、云儿正教他呢。月儿堆着笑脸，她的美丽的眼睛斜向旁边。云儿们从洁白宽大的衣袖里伸出手指来，指着旁边。芳儿看他们的旁边，不是无数灿烂的星儿吗？原来月儿的美丽的眼睛就看着星儿，云儿的衣袖里伸出的手指就指着星儿。

　　芳儿快活极了，他明白了。心里想道："这才是最妙的礼物呢，月亮姊姊云儿哥哥们真聪明呀！姊姊送一个花球，我送一个星环。明天我将这星环，亲手套在母亲的颈间，耀眼的光从母亲身上射出来，岂不美丽？人家的母亲戴什么珠环宝石环，那些都是人世找得到的东西。我却赠她一个星环，岂非稀有？她哪里料得到有这个东西呢？当我给她套上颈间的时候，她自然有梦中也想不到的欢喜了。

与善良之心，整篇散文洋溢着灵动轻盈的童话色彩。同学们，你们曾为妈妈准备过什么样的礼物呢？在礼物中想表达什么样的感情呢？

疯　娘

王恒绩

　　二十三年前，一个年轻的女子流落到我们村，蓬头垢面，见人就傻笑。那时，被机器铰断了左手的父亲已经三十五岁了。奶奶想让她给我父亲做媳妇，等她给我家"续上香火"，再把她撵走。父亲虽不情愿，但咬咬牙还是答应了。

　　我刚一落地，奶奶就把我抱走了。娘一直想抱抱我，奶奶就瞪起眼睛训她："你要敢抱他，我就打死你。"我没能吃到娘的半口奶水，奶奶说娘的奶水里有"神经病"，要是传染给我就麻烦了。

爱，就投到她的怀里。她拍着他的背心说道："你忘了要送礼物给母亲吗？要去取，跟我去，我来领着你。"

芳儿想着了，很感激她，便催她动身。她携了他的手，身子飘飘地上升了。芳儿两足在空中移动，步步都似乎踏着实地，自觉只管离开地面了。望下看去，好大的银被，盖着睡眠的地球。再看月亮姊姊，淡蓝色衣裳给风吹起，飘成绉浪的纹，真像一位仙人呢。

芳儿的两足越移动越快，也越觉得轻松灵便。看看星儿们，近得多了；粒粒像荔枝一般大，光明耀眼。不一会已经到了星儿的群里了。四面一看，仿佛进了结满果子的树林里，手边足边都可以随手采取。再看自己身上，照着形容不出的光亮，连汗毛的根都看得清楚。他快活极了，便动手拾取。

这是很容易的，他拿一颗星儿在手里，非常轻，似乎没有分量。就一连取了近百颗，将衣裳兜着，快要满了。月亮姊姊给他一条美丽的丝绳，教他穿起来，做成颈环。他听她做了。

美丽的颈环！这是从来没有的；现在却在芳儿手里，他要拿去送给母亲，作她生日的礼物了！

他心急得很，要教母亲有梦中也想不到的欢喜，要表示自己对于母亲比海还深的爱。他就带了星环，匆匆跑到家里。刚跨进门，口里喊道："母亲，你在哪里？我送你一件礼物，美丽的礼物，稀有的礼物。"

母亲走了出来，就抱他在怀里。他挽转小臂，将手里的星环套到母亲的颈间。形容不出的光亮从母亲身上射出来，母亲就是一位仙人了。他自己不是个小仙人吗？因此快活得手和脚都舞动起来；母亲脸上现着慈爱的笑。

芳儿手足一舞动，他的梦醒了。母亲正伏在枕旁看他；她的脸上，正就现着梦里所见那样慈爱的笑。

牵手阅读

叶圣陶，现代作家、教育家，代表作有童话故事《稻草人》等。本篇文章写了孩童芳儿纯真的梦。在梦中，月亮和云朵都带有了人的形态与情感，而天边耀眼的星星可以串联起来做成美丽的星环。芳儿与月亮、白云的对话表露着孩童的天真纯净；想要为母亲挑选出最好礼物的心愿则体现着爱

别人又哪里想得到送这个东西呢？独有我送这个东西，不因为我对于母亲的爱，比海还深么？"

芳儿这样想着，就谢谢月亮和云儿们。并且给他们祝福道："愿你们永久美丽，永久快乐，永久笑，永久跳舞，永久帮助我，告诉我我所想不到的事！"

这时候芳儿的姊姊也到天井里来乘凉了。她端了一张藤椅子，坐在芳儿旁边。她脸上还只是笑，正想凤仙花球怎么美丽，母亲怎么喜欢呢。

芳儿拿住姊姊的手，贴在自己的脸庞上，眼睛看着姊姊，轻轻说道：

"我已想到了送母亲的礼物了。好得很呢，比你的花球好几百倍。但是不告诉你。"

"什么东西呢？好弟弟，说给我听罢。"

"不说，你明天看就是了。这个东西近在眼前，远在天边，美丽到没有一件东西比得上，稀有到人家不曾有过。"

芳儿的姊姊猜了好许多东西：香草、小石子、翠鸟、金鱼，一切家里所有的东西，街上所有的东西，山野所有的东西，都猜到了。芳儿只是笑，只是摇头。姊姊着急了，一手从芳儿手里脱出，同那一手合十起来，拜着央求道：

"拜拜你，好弟弟，告诉了我罢！我一定不告诉别人，连枕儿席儿，也不告诉他们。好弟弟，说罢！"

"你一定要我说，先依我一件事，我们先来跳一回绳。跳完了，我再告诉你。"

于是姊弟两个跳绳了。这时候月亮的光直射下来，天井里的一切都罩着银光，他们两个全身浴在银光里。他们跳的时候短短的影子在地上舞动；姊姊的发散乱了，更增加影子的美丽。起先是平常的跳，后改反跳交了手跳，终于两人合跳。小足像点水的燕子一般，刚着地又离地了；绳子从足下闪过，几乎分辨不清楚，只见他们俩包在一个虚空的大圆球里。

姊姊微微地喘息了，芳儿已满面是汗了，才停止了跳绳。芳儿坐在小椅子上，一手拭着头上额上的汗。姊姊催着他道：

"现在依了你了，你好说了。究竟是什么东西？"

"我的礼物是星的环。"

白罗帐里面，芳儿睡得熟了。他的面容如笑，他的呼吸很平和，他应当有可爱的梦呢。

他起身了，被月亮姊姊催起的。他看月亮姊姊穿了一身淡蓝的衣裳，笑的时候，露出银样的牙齿，觉得十分可

春天的颜色

　　自从添了娘和我后，家里常常揭不开锅。奶奶决定把娘撵走。奶奶煮了一大锅饭，亲手给娘添了一大碗，说："媳妇儿，吃完这碗饭，就走吧，以后也不准来了，啊？"娘刚扒了一大团饭在口里，听了奶奶下的"逐客令"，一团饭就在嘴里凝滞了，口齿不清地哀叫："不……"奶奶沉下脸，厉声吼道："犟什么犟，吃完饭就走，听到没有？"说完，奶奶从门后拿出一柄锄，像佘太君的龙头杖似的往地上重重一磕，"咚"的一声。娘吓了一跳，怯怯地看着婆婆，泪水落在白花花的米饭上。

　　娘蹒跚着出了门，却长时间站在门前不走。一双手伸向婆婆怀里，原来，娘想抱抱我。奶奶犹豫了一下，还是将襁褓中的我递给了娘。娘第一次将我搂在怀里，咧开嘴笑了。

　　奶奶如临大敌，两手在我身下接着，生怕娘将我像扔垃圾一样丢掉。娘只抱了一会儿，奶奶便迫不及待地将我夺了过去，转身进屋关上了门。

　　当我懵懵懂懂地晓事时，我找大人们要娘。他们说娘死了，可小伙伴却告诉我："你娘是疯子，被你奶奶赶走了。"我要奶奶还我娘，还骂她是"狼外婆"，甚至将她端给我的饭菜泼了一地。我想娘，她长什么样？还活着吗？

没想到，在我六岁那年，离家五年的娘居然回来了。那天，几个小伙伴飞也似的跑来报信："小树快去看，你娘回来了，你的疯娘回来了。"我喜得屁颠屁颠的，撒腿就往外跑，父亲、奶奶随着我也追了出来。这是我有记忆以来第一次看到娘。她是破衣烂衫，头发上粘着碎草末。娘不敢进门，手里拿着个脏兮兮的气球，急切地搜寻着自己的儿子。娘终于死死地盯住我，咧着嘴叫我："小树……球……"她讨好地往我怀里塞，我却一个劲儿地往后退。

小伙伴们在一旁起哄："疯子娘，疯子娘。"

我气愤地喊着："她是你娘！你娘才是疯子。"我扭头跑远了。

奶奶和父亲把娘领进了门，而我却老大不乐意。我从没给娘好脸色看，从没跟她主动说过话，更没有喊她一声"娘"，我们之间的交流是以我"吼"为主，娘是绝不敢顶嘴的。

奶奶决定训练娘做些杂活，就叫娘去割猪草。娘一会儿就割了两筐"猪草"——人家田里正生浆拔穗的稻谷。稻田的主人找来，竟说是奶奶教唆的。奶奶火冒三丈，拿出根棒槌一下敲在娘的后腰上，娘一跳一跳地躲着棒槌，口里不停地发出哀号。

我看着抽泣的娘，鄙夷地说："草和稻子都分不清，你真是个猪。"

话音刚落，我的后脑勺挨了奶奶一巴掌。奶奶瞪着眼骂我："小兔崽子，怎么说话的？再怎么着，她也是你娘啊！"我不屑地嘴一撇："我没有这样的傻疯娘！""看我不打你！"奶奶举起巴掌，娘像弹簧一样从地上跳起，横在我们中间，指着自己的头，"打我、打我"地叫着。

一天下起了雨，奶奶让娘给我送雨伞。娘一路摔了好几跤，浑身像个泥猴似的，站在教室的窗户旁望着我傻笑，口里还叫："树……伞……"同学们"嘻嘻"地笑着，我如坐针毡，恨她给我丢人，更恨带头起哄的范嘉喜。我扑上前去，与他厮打起来。我根本不是他的对手，被他轻易压在地上。这时，只听教室外传来"嗷"的一声长啸，娘像个大侠似的飞跑进来，双手将范嘉喜举向半空，他吓得哭爹喊娘，一双胖乎乎的小腿在空中乱踢蹬。娘毫不理会，居然将他丢到了学校门口的水塘里。

我情不自禁地叫了声："娘！"娘浑身一震，久久地看着我，咧了咧嘴，傻傻地笑了。那天，我们母子俩第一次共撑一把伞回家。

我们刚进屋，一群拿着棍棒的人闯进来，不分青红皂白，先将锅碗瓢盆砸了个稀巴烂。范嘉喜的父亲恶狠狠地指着爸爸的鼻子说："我儿子在卫生院躺着呢，你要不拿出一千块钱医药费，我一把火烧了这房子。"

一千块？父亲每月才五十块钱啊！看着杀气腾腾的范家人，父亲飞快地解下腰间的皮带，劈头盖脸地向娘打去。娘像只悼惶偷生的老鼠，无助地跳着、躲着，她发出的凄厉声以及皮带抽在她身上清脆的声响，我一辈子都忘不了。最后还是民警赶来制止了父亲施暴的手。派出所的调解结果是，双方互有损失，两不亏欠。谁再闹就抓谁！

看着满屋的锅碗碎片和伤痕累累的娘，父亲突然将娘搂在怀里痛哭起来，说："疯婆娘，我要不打你，这事下不了地，咱们没钱赔人家啊！"

考上高中以后，我很少回家。父亲依旧在为五十元打工，为我送咸菜的担子就落在了娘身上。二十公里的羊肠山路亏娘牢牢地记了下来，风雨无阻，也真是奇迹。

一个星期天，娘来了，还带来了十几个野鲜桃。我咬了一口，笑着问她："哪儿来的？"娘说："我……摘的……""娘，您真是越来越能干了。"娘"嘿嘿"地笑了。

第二天，婶婶匆匆地赶来，问娘来过没有，我说，昨天就回去了。婶婶说："没有，她到现在还没回家。"我心一紧。婶婶问："你娘没说什么？"我说没有，她给我带了十几个野鲜桃哩。婶婶两手一拍："坏了！"我们沿着山路往回找，路上确有几棵野桃树，树上稀稀拉拉地挂着几个桃子，因为长在峭壁上才得以保存下来。婶婶看了看我，不由分说，拉着我就往山谷里走。

娘静静地躺在谷底，周边是一些散落的桃子，她手里还紧紧攥着一个，身上的血早就凝固成了深重的黑色。我五脏俱裂，紧紧地抱住娘："娘啊，是儿子要了你的命……"我将头贴在娘冰凉的脸上，哭得漫山遍野的石头都陪着我落泪……

娘下葬后的第一百天，湖北大学烫金的录取通知书穿过娘所走过的路，穿过那几株野桃树，穿过村前的稻场，径直"飞"进了我的家门。我把这份迟到的书信插在娘冷寂的坟头："娘，儿出息了，您听到了吗？您可以含笑九泉了！"

　　这是当代作家王恒绩的一篇小说，疯娘的一生是极其悲惨的一生，最后为了给儿子摘野桃，死在了山谷里，让人唏嘘不已。想一想疯娘身上有哪些方面表现出了母爱的圣洁、崇高和无私呢？

导读

　　这个故事里，有一只一心想孵小鸡的黑母鸡，主人却不允许它孵。不过，黑母鸡才没那么容易放弃呢。

痴 鸡

曹文轩

　　每年春天，总有那么几只母鸡，要克制不住地生出孵小鸡的欲望。那些日子，它们几乎不吃不喝，到处寻觅着鸡蛋。一见鸡蛋，就会惊喜得"咯咯咯"地叫唤几声，然后绕蛋转上几圈，蓬松开羽毛，慢慢蹲下去，将蛋拢住，焐在胸脯下面。但许多人家，却并无孵小鸡的打算，便在心里不能同意这些母鸡们的想法。再说，正值春日，应是母鸡们好好下蛋的季节。这些母鸡一旦要孵小鸡时，便进入痴迷状态，而废寝忘食的结果是再也不能下蛋。这就使得主人很恼火，于是就会采取种种手段将这些痴鸡们从孵小鸡的欲望中拖拽回来。

这样的行为，叫"醒鸡"。

我总记着许多年前，我家的一只黑母鸡。

那年春天，它也想孵小鸡。第一个看出它有这个念头的是母亲。她几次喂食，见它心不在焉，只是很随意地啄几粒食就独自走到一边去时，说："它莫非要孵小鸡？"我们小孩一听很高兴："噢，孵小鸡，孵小鸡了。"

母亲说："不能，你大姨妈家，已有一只鸡代我们家孵了。这只黑鸡，它应该下蛋。它是最能下蛋的一只鸡。"

我从母亲的眼中可以看出，她已很仔细地在心中盘算过这只黑鸡将会在春季里产多少蛋，这些蛋又可以换回多少油盐酱醋来。她看了看那只黑母鸡，似乎有点儿为难。但最后还是说："万万不能让它孵小鸡。"

这一天，母亲终于认定了黑母鸡确实有了孵小鸡的念头，并进入状态了。得出这一结论是因为她忽然发现黑母鸡不见了，便去找它，最后在鸡窝里发现了它，那时，它正一本正经、全神贯注地趴在几只尚未来得及取出的鸡蛋上。母亲将它抓出来时，那几只鸡蛋早已被焐得很暖和了。

母亲给了我一根竹竿："撵它，大声喊，把它吓醒。"

"让它孵吧。"

母亲坚持说："不能，鸡不下蛋，你连买瓶墨水的钱都没有。"

我知道不能改变母亲的主意，取过竹竿，跑过去将黑鸡撵起来。它在前面跑，我就挥着竹竿在后面追，并大声尖叫："噢——噢——"从屋前追到屋后，从竹林追到菜园，从路上追到地里。看着黑母鸡狼狈逃窜的样子，我竟在追赶中在心里觉到了一种快意。我用双目将它盯紧，把追赶的速度不断加快，把喊叫的声音不断加大，引得正要去上学的学生和正要下地干活的人都站住了看。几个妹妹起初是站在那儿跟着叫，后来也操了棍棒之类的家伙参加进来，与我一起轰赶。

黑母鸡的速度越来越慢，翅膀也耷拉了下来，还不时地跌倒。见竹竿挥舞过来，只好又挣扎着爬起，继续跑。

我终于精疲力竭地瘫坐在了草垛底下，一边喘气，一边抹着额头上的大汗。

黑母鸡钻到了草丛里，一声不吭地直将自己藏到傍晚，才钻出草丛。

但经这一惊吓，黑母鸡似乎并未醒来。它晾着双翅，咯咯咯地叫着，依旧寻觅着鸡蛋。它一下子就瘦损下来，似乎只剩了一只空壳。本来鲜红欲滴的鸡冠，此时失了血色，而一身漆黑的羽毛也变得枯焦，失去了光泽。不知是因为它总晾着翅膀使其他鸡们误以为它有进攻的意思，还是因为鸡们如人类一样喜欢捉弄痴子，总而言之，它们不是群起而追之，便是群起而啄之。它毫无反抗的念头，且也无反抗的能力，在追赶与攻击中，只能仓皇逃窜，只能蜷缩在角落里，被啄得一地羽毛。它的脸上已有几处流血。

每逢看到如此情景，我一边为它的执迷不悟而生气，一边用竹竿去狠狠打击那些心狠嘴辣的鸡们，使它能够摇晃着身体躲藏起来。

没过几天，大姨妈家送孵出的小鸡来了。

黑母鸡一听到小鸡叫，立即直起颈子，随即大步跑过来，翅大身轻，简直像飞。见了小鸡，它竟不顾有人在旁，就咯咯咯地跑过来。它要做鸡妈妈。但那些小鸡一见了它，就像小孩见到疯子，吓得四处逃散。我仿佛听见黑母鸡说"你们怎么跑了"，只见它四处去追那些小鸡。等追着了，它就用大翅将它们罩到了怀里。那些被罩住的小鸡，就在黑暗里惊叫，然后用力地钻了出来，往人腿下跑。它东追西撵，弄得小鸡们东一只西一只，四下里一片"唧唧唧"的鸡叫声。

母亲说："还不赶快将它赶出去！"

我拿了竹竿，就去轰它。起初它不管不顾，后来终于受不了竹竿抽打在身上的疼痛，只好先丢下了小鸡们，逃到竹林里去了。

我们将受了惊的小鸡们一只一只找回来，它们互相见到之后，竟很令人怜爱地互相拥挤成一团，目光里满是怯生生的神情。

而竹林里的黑母鸡，一直在叫唤着。停住不叫时，就在地上啄食。其实并未真正啄食，只是做出啄食的样子。在它眼里，它的周围似乎有一群小鸡。它要教它们啄食。它竟然在啄了一阵食之后，幸福地扇动了几下翅膀。

当它终于发现，它只是孤单一只时，便从竹林里惊慌地跑出来，到处叫着。

被母亲捉回笼子里的小鸡们，听见黑母鸡的叫声，挤作一团，瑟瑟发抖。

母亲说："非得把这痴鸡弄醒，要不，这群小鸡不得安生的。"

母亲专门将邻居家的毛头请来对付黑母鸡。毛头做了一面小旗，然后一笑，将黑母鸡抓住，将这面小旗缚在了它的尾巴上。毛头将它松开后，它误以为有什么东西向它飞来了，惊得大叫，发疯似的跑起来。那面小旗直挺挺地竖在尾巴上，在风中沙沙作响，这就更增加了黑母鸡的恐惧，于是更不要命地奔跑。

我们就都跑出来看。黑母鸡不用人追赶，屋前屋后无休止地跑着，样子很滑稽。于是邻居家的几个小孩，就拍着手，跳起来乐。

黑母鸡后来飞到了草垛上。它原以为会摆脱小旗的，不想小旗仍然跟着它。它又从草垛上飞了下来。在它从草垛上飞下来时，我看见那面小旗在风中飞扬，犹如给黑母鸡又插上了一只翅膀。

其他的鸡也被惊得到处乱飞，家中那只黄狗汪汪乱叫。地地道道的鸡犬不宁。

黑母鸡钻进了竹林，那面小旗被竹枝勾住，终于从它的尾巴上被拽了下来。它跌倒在地上，很久未能爬起来，张着嘴巴光喘气。

黑母鸡依旧没有能够醒来。而经过这段时间的折腾，其他的母鸡也不能下蛋了。

"把它卖掉吧。"我说。

母亲说："谁要一副骨头架子？"

邻居家的毛头似乎很乐意来处置这只黑母鸡。他又一笑，将它抱到河边上，突然一旋身体，将它抛到河的上空。黑母鸡落到水中，沉没了一下，浮出水面，伸长脖子，向岸边游来。毛头早站在了那儿，等它游到岸边，又将它捉住，更远地抛到河的上空。毛头从中得到了一种残忍的快感，咧开嘴乐，将黑母鸡一次比一次抛得更远，而黑母鸡越来越游不动了。鸡的羽毛不像鸭的羽毛不沾水，几次游动之后，它的羽毛完全地湿透，露出肉来的身体便如铅团一样坠着往水里沉，它奋力拍打着翅膀，十分吃力地往岸边游着。好几回，眼看就要沉下去了，它又挣扎着伸长脖子游动起来。

毛头弄得自己一身是水。

当黑母鸡再一次拼了命游回到岸边时，母亲让毛头别再抛了。

黑母鸡爬到岸上，再也不能动弹。我将它抱回，放到一堆干草上。它缩着身体，在阳光下瑟瑟发抖。呆滞的目光里，空空洞洞。

黑母鸡变得古怪起来，它晚上不肯入窝，总要人找上半天，才能找回它。而早上一出窝，就独自一个跑开了，或钻到草垛的洞里，或钻在一只废弃了的盒子里，搞得家里的人都很心烦。又过了两天，它简直变得可恶了。当小鸡从笼子里放出，在院子里走动时，它就会出其不意地跑出去追小鸡。一旦追上时，它便显出--种变态的狠毒，竟如鹰一样，用翅膀去打击小鸡，直把小鸡打得乱飞乱叫。

母亲赶开它说："你大概要挨宰了！"

一天，家里无人，黑母鸡大概因为一只小鸡并不认它，企图摆脱它的爱抚，竟啄了那只小鸡的翅膀。

母亲回来后见到这只小鸡的翅膀流着血，很心疼，就又去叫来毛头。

毛头说："这一回，它再不醒，就真的醒不来了。"他找了一块黑布，将黑母鸡的双眼蒙住，然后举起来，将它的双爪放在一根晾衣服的铁丝上。

黑母鸡站在铁丝上晃悠不止，那时候它的恐惧，可想而知，大概要比人立于悬崖面临万丈深渊更甚。因为人毕竟可以看见万丈深渊，而这只黑母鸡却在一片黑暗里。它用双爪死死抓住铁丝，张开翅膀竭力保持平衡。

起风了，风吹得铁丝呜呜响。黑母鸡在铁丝上开始大幅度地晃悠。它除了用双爪抓住铁丝，还蹲下身子，将胸脯紧贴着铁丝，两只翅膀一刻也不敢收拢，即便是这样，在经过长时间的坚持之后，保持平衡也已随时不能了。它几次差点儿从铁丝上栽下来，靠用力扇动翅膀之后，才又勉强留在了铁丝上。

我看了它一眼，上学去了。

课堂上，我就没有怎么听老师讲课，眼前老是晃动着一根铁丝，铁丝上站着那只摇摆不定的黑母鸡。放了学，我匆匆往家赶，进院子一看，却见黑母鸡居然还奇迹般地留在铁丝上。我立即将它抱下，解了黑布，将它放在地上。它瘫在地上，竟一步不能走动了。

母亲抓了一把米，放在它嘴边。它吃了几粒就不吃了。母亲又端来半碗水，它却迫不及待地将嘴伸进水中，转眼间就将水喝光了。这时，它慢慢地立起身，摇晃着走到篱笆下。估计还是没有力气，就又在篱笆下蹲了下来，一副很安静的样子。

母亲叹息道："这回大概要醒来了。再醒不来，也不要再去惊它了。"

傍晚，黑母鸡等其他的鸡差不多进窝后，也摇摇晃晃地进了窝。

我对母亲说："它怕是真的醒了。"

母亲说："以后得把它分开来，让它吃些偏食。"

然而，过了两天，黑母鸡却不见了，无论你怎么四处去唤它，也未能将它唤出。我们就只能寄希望于它自己走出来了。但一个星期过去了，也未能见到它的踪影。

我就满世界去找它，大声呼唤着。

母亲说："怕是被黄鼠狼拖去了。"

我们终于失望了。

母亲很惋惜："谁让它痴的呢？"

起初，我还想着它，十天之后，便也将它淡忘了。

黑母鸡失踪后大约三十多天，这天，我和母亲正在菜园里种菜，忽然隐隐约约地听到不远处的竹林里有小鸡的叫声。"谁家的小鸡跑到我们家竹林里来了？"母亲这么一说，我们也就不再在意了。但过不一会儿，又听到了咯咯咯的母鸡声，我和母亲不约而同地都站了起来："怎么像我们家黑母鸡的声音？"再寻声望去时，眼前的情景把我和母亲惊呆了。

黑母鸡领着一群小鸡正走出竹林，来到一棵柳树下。当时，正是中午，阳光明亮耀眼，微风中，柳丝轻轻飘扬。那些小鸡似乎已经长了一些日子，都已显出羽色了，竟一只只都是白

的，像一团团雪，在黑母鸡周围欢快地觅食与玩耍。其中一只，看见柳丝在飘扬，竟跳起来想用嘴去叼住，却未能叼住，倒跌在地上，翻了一个跟头。再细看黑母鸡，只见它神态安详，再无一丝痴态，鸡冠也红了，毛也亮亮闪闪的，又紧密又有光泽。

我跳过篱笆，连忙从家里抓来米，轻轻走过去，撒给黑母鸡和它的一群白色的小鸡。它们并不怕人，很高兴地啄着。

母亲纳闷："它是在哪儿孵了一窝小鸡呢？"

半年之后，我和母亲到距家五十多米的东河边上去准备把一垛草弄回来时，发现那个本是孩子们捉迷藏用的洞里，竟有许多带有血迹的蛋壳。我和母亲猜想，这些鸡蛋，就是在黑母鸡发痴时，我家的其他母鸡受了惊，不敢在家里的窝中下蛋，将蛋下到这儿来了。这片地方长了许多杂草，很少有人到这儿来。大概是草籽和虫子，维持了黑母鸡与它的孩子们的生活。

黑母鸡自从出现之后，就再也没有领着它的孩子们回那个寂寞的草垛洞。

"我要做妈妈!"这个念头在黑鸡的心里魂牵梦绕,任凭各种磨难迎面而来,真是一只痴情的鸡!作家用痴鸡的故事展示了磅礴的生命意识和深厚的人文情怀。仔细思考,黑母鸡因"发痴"而吃了哪些苦头?小说里的痴鸡让你想到哪些人和事?

春天的颜色

导读

狐狸是以狡猾著称的动物，作者就遇到了一只十分狡猾的狐狸，他和狐狸之间又发生了什么故事呢？

再被狐狸骗一次

沈石溪

我从上海到西双版纳当知青的第三天，就被狐狸骗了一次。

那天，我到勐（měng）混镇赶集，买了只七斤重的大阉鸡，准备晚上熬鸡汤喝。黄昏，我独自提着鸡，踏着落日的余晖，沿着布满野兽足迹的古河道回曼广弄寨子。古河道冷僻清静，见不到人影。拐过一道弯，突然，我看见前面十几步远的一块乱石滩上有一只狐狸正在垂死挣扎：它口吐白沫，绒毛乍（zhà）着，肩胛抽搐似乎中了毒。见到我，它惊慌地站起来想逃命，但刚站起来又虚弱地摔倒了。那摔倒的姿势逼真得无懈可击：它直挺挺栽倒在地，

"咕咚"一声响，后脑勺重重地砸在鹅卵石上。它四仰八叉地躺在地上，眉眼间那块蝴蝶状白斑痛苦地扭曲着，它绝望地望着我。我看得很清楚，那是只成年公狐，体毛厚密，色泽艳丽，像块大红色的金缎子。我情不自禁地产生一种想去擒捉它的欲望和冲动。那张珍贵的狐皮实在让我眼馋，不捡白不捡，贪小便宜的心理人人都有。再说，空手活捉一只狐狸，也能使我将来有了儿子后，在儿子面前假充英雄，有了吹嘘的资本。何乐而不为？

我将手中的大阉鸡搁在身旁一棵芭蕉树下，阉鸡用细绳绑着腿和翅膀，跑不动飞不掉的。然后，我解下裤带绾成圈，朝那只还在苟延残喘的狐狸走去。捉一只奄奄一息的狐狸，等于瓮中捉鳖，太容易了，我想。我走到乱石滩，举起裤带圈刚要往狐狸的脖颈套去，突然，狐狸"活"过来了。它一挺腰，麻利地翻起身，一溜烟从我眼皮底下蹿出去。这简直是僵尸还魂，我吓了一大跳。就在这时，背后传来鸡恐惧的啼叫，我赶紧扭头望去，目瞪口呆！一只肚皮上吊着几只乳房的黑耳朵母狐狸正在野芭蕉树下咬我的大阉鸡，大阉鸡被捆得结结实实的，丧失了任何反抗和逃跑的能力，对母狐狸来说，这肯定比钻到笼子里捉鸡方便多了。我弯腰想拣块石头扔过去，但已经晚了，母狐狸叨住鸡脖子，大踏步地朝干涸的古河道对岸奔跑而去。而那只诈死的公狐狸兜了个圈，在对岸与偷鸡的母狐狸胜利会合，一个叨鸡头，一个叨鸡腿，并肩而行。它们跑进树林时，公狐还转身朝我挤了挤眼，那条红白相间很别致的尾巴怪模怪样地朝我甩摇了两下，也不知是在道歉，还是在致谢。

我傻了眼，啼笑皆非。我想捡狐狸的便宜，却不料被狐狸捡了便宜！

我垂头丧气地回到寨子，把路上的遭遇告诉了村主任，村主任哈哈大笑说："这鬼狐狸，看你脸蛋白净，穿着文雅，晓得你是刚从城里来的学生娃，才敢玩声东击西的把戏来骗你的。"我听了心里极不是滋味，除了失败的懊丧，受骗的恼怒外，还体味到一种朝被小瞧了的愤懑。

数月后的一天早上，我到古河道去砍柴，在一棵枯倒的大树前，我闻到了一股狐臊臭。我用柴刀拨开蒿草，突然，一只狐狸"嗖"的一声从树根下一个幽深的洞里蹿出来，"吱溜"从我脚跟前逃过去。红白相间的大尾巴，眉眼间有块蝴蝶状白斑，不就是那只用诈死的手段骗走了我大阉鸡的公狐狸吗？

这家伙逃到离我二十几米远的地方，突然像被藤蔓绊住了腿一样，重重跌了一跤，像只皮球似的打了好几个滚，面朝着我，狐嘴歪咧，咝咝地抽着冷气，好像腰疼得受不了了。它转身欲逃，刚走了一步，便大声哀嚎起来，看来是崴了后腿，身体东倒西歪，站不稳，一条后腿高高吊起，在原地转着圈。那模样，仿佛只要我提着柴刀走过去，很容易也很轻松地就能剁下它的脑袋。

我一眼就看穿它是故技重演，要引诱我前去捉它。只要我一走近它，它立刻就会腰也不疼了，腿也不瘸了，肯定逃得比兔子还快。想让我第二次上同样的当，简直是痴心妄想！我想，公狐狸又在用同样的方式对我行骗，目的很明显，是要骗我离开树根下的洞，这洞肯定就是狐狸的巢穴，母狐狸十有八九还待在洞里头。我猜测，和上次一样，公狐狸用"装死"的办法把我骗过去，母狐狸就会背着我完成骗子的勾当。我手里没提大阉鸡，也没其他吃的东西，它们究竟要骗我什么，我还不清楚，但有一点是确凿无疑的，它们绝对是配合默契地想再骗我一次。此时此刻，我偏不去追公狐狸，让骗子看着自己的诡计流产，让它体会失败的痛苦，岂不是很有趣的一种报复？

我冷笑一声，非但不去追公狐狸，还朝树洞逼近了两步，举起雪亮的柴刀，守候在洞口，只要母狐狸一伸出脑袋，我就眼疾手快地一刀砍下去，来个斩首示众！一只阉鸡换一张狐皮，赚多了。

背后的公狐狸瘸得愈发厉害了，叫得也愈发悲哀，嘴角吐出一团团白沫，还歪歪扭扭地朝我靠近了好几米。我仍然不理它。哼！别说你现在只是瘸了一条腿，只是口吐白沫，就是四条腿全瘸了，就是翻起白眼仰躺在地上一动不动，也休想让我再次上当。过了一会儿，公狐狸大概明白了它的拙劣的骗术骗不了我，就把那只吊着有腿放了下来，弯曲的腰也挺直了，也不再痛苦地转圈了，蹲在地上，怔怔地望着我，眼光悲哀，"呦——呦——"尖尖的狐嘴里发出凄厉的长啸，显得忧心如焚。

焦急吧，失望吧，那是你自找的。你以为脸蛋白净的城里来的学生娃就那么好骗吗？看你以后还敢不敢小瞧我这样的知识青年！

公狐狸蹲在离我十几米远的草丛里，我举着柴刀蹲在树洞口，那只母狐狸蜷缩在幽深的树洞里，我们就这样僵持了十几分钟。突然，公狐狸声嘶力竭地嚎了一声，纵身一跃，向一棵小树撞去。它扑跃的姿势和平常不一样，四只爪子紧紧地勾在肚子上，头部暴露在前面。"咚"的一声，它的半张脸撞在小树的树干上，一只耳朵豁开了，右脸从眼皮到下巴被粗糙的树皮擦得血肉模糊。它站起来，又一口咬住自己的前腿弯，猛烈抖动身体，"呲"的一声，前腿内侧和胸脯上被它活活撕下一块巴掌大的皮来，皮没有完全掉下来，垂挂在它胸前，晃来荡去，殷红的血从伤口漫出来，把那块皮浸染得赤红，像面迎风招展的小红旗，那副样子既滑稽又可怕。

这只公狐狸，准是疯了，我想。我的视线被它疯狂的行为吸引住，忽视了树洞里动静，只听见"嗖"的一声，一条红色的身影趁我不备从树洞里蹿出来，我惊醒过来，一刀砍下去，自然是砍了个空。我懊恼地望去，果然是那只母狐狸，嘴里叼着一团粉红色的东西，急急忙忙地在向土丘背后的灌木丛奔逃。天哪，公狐狸跟我玩了个苦肉计，我又上当了！

母狐狸蹿上土丘顶，停顿了一下，把那团粉红色的东西轻轻吐在地上，这时我才看清原来是只小狐狸。小家伙大概还没满月，母狐狸换了个位置又叼起小狐狸，很快消失在密不透风的灌木丛里。

哦，树洞里藏着一窝小狐狸呢！为了证实自己的猜想，我趴在地上，将耳朵伸进洞口仔细听，里头果然有"唧唧咿咿"的吵闹声。我不知道树洞里究竟有几只小狐狸，狐狸一胎最少生三只，最多可生七只，通常生四五只，小家伙们本来是钻在母狐狸温暖的怀抱里的，母狐狸突然离去，它们感觉到了恐惧与寒冷，所以在用尖细的嗓子不停地叫唤，向它们的母亲讨取安全与温暖。

在我将耳朵贴在树洞的当口儿，公狐狸"呦呦"叫得又急又狠，拼命蹦跳着，不断地用爪子撕脸上和胸脯上的伤口，弄得满身都是血。

我明白，公狐狸是要把我的注意力吸引到它身上去。我自己也不知道为什么，心里头堵得慌，有点不忍心再继续趴在树洞口，就站了起来。公狐狸这才稍稍安静了些。唉，可怜天下父母心啊！

这时，土丘背后的灌木丛里，传来母狐狸"呦儿——

呦儿——"的啸叫声，那叫声尖厉高亢，沉郁有力，含有某种命令的意味。我看见，公狐狸支棱起耳朵，凝神谛听着，抬起头来，目光沉重，庄严地望望天上的白云和太阳。突然，它举起一只前腿，将膝盖塞进自己的嘴，用力咬下去，我觉得这是世界上最有害的噪音，听得我浑身起鸡皮疙瘩。不一会儿，那条腿便被咬脱了臼，皮肉还相连着，那截小腿在空中晃荡着，转了两圈后，那截小腿终于被它像拆零件似的拆了下来，露出白森森的腿骨，血喷射着溢出来，把它面前的一片青草都淋湿了。它用一种期待的、渴望的、恳求的眼光望着我，一瘸一拐地往后逃，似乎在跟我说："瞧，我真的受伤了，我真的逃不快了，我真的很容易就会被你捉住的，来追我吧，快来追我吧！"

我心里很明白，公狐狸所做的一切，从本质上讲仍然是一种骗术，它用残忍的手段来骗我离开树洞，好让母狐狸一只一只把小狐狸转移到安全的灌木丛去。但面对这种骗术，我虽然能识破，却无力抗拒。我觉得我站立的树洞前好像变得像只滚烫的油锅，变得像令人窒息的蒸笼，我是一秒钟也待不下去了。

我想，我只有立刻接受心脏移植手术，将我十七岁的少年的心，换成七十岁的奸商的心，或许还能变带冷静的微笑继续举着柴刀守在树洞口。我觉得有一种强大的力量在推着我，使我不得不举步向公狐狸追去。

公狐狸步履踉跄，一路逃，一路滴着血，逃得十分艰难。好几次，我都可以一刀腰斩了它，可我自己也说不清是一种什么原因，刀刃快砍到它的身体上时，我的手腕总是不由自主地朝旁边歪斜，砍在草地上。

公狐狸痛苦地哀啸着，顽强地朝与树洞背离的方向奔逃，我紧跟在它后面。我再没有回头去看树洞，不用看我也知道，此时此刻，母狐狸正紧张转移它们的小宝贝……

终于，灌木丛中传来母狐狸咻咻的叫声，声调平缓，犹如寄出了一封报平安的信。公狐狸脸上露出欣慰的表情，它调整了一下姿势，昂起头挺起腰，似乎要结束这场引诱我追击的游戏，刹那间"活"过来，飞也似的窜进灌木丛去与母狐狸和小狐狸团聚。我也希望公狐狸能狡黠地朝我眨眨眼睛，摇甩那条红白相间的大尾巴，然后一溜烟消失得无影无踪。可是，它只做了个要蹿跳的样子，就突然栽倒在地上，再也没能爬起来。它的血流得太多了，它死了。

　　沈石溪是"中国动物小说大王"，最擅长动物小说的创作，代表作品有《猎狐》《第七条猎狗》《再被狐狸骗一次》《狼王梦》《白象家族》等。本篇节选自同名小说集《再被狐狸骗一次》。作者在西双版纳被狐狸骗了两次，第一次作者被狐狸偷走了鸡，过了几月上山砍柴时又遇见了那对狐狸夫妻。公狐狸为什么要咬断自己的腿？为什么作者说要再被狐狸骗一次呢？

导读

> 这是一位和蔼、慈祥的父亲，这是一位无比疼爱女儿的父亲。女儿尚年轻，但终究要独自去面对生活，去迎接生活所带来的各种挑战，每每想到这里，慈祥的父亲就会流露出伤心难过之情，这是父亲的信，是父亲的嘱托，更是父亲的爱。

送阿宝出黄金时代

丰子恺

阿宝，我和你在世间相聚，至今已十四年了，在这五千多天内，我们差不多天天在一处，难得有分别的日子。我看着你呱呱坠地，嘤嘤学语，看你由吃奶改为吃饭，由匍匐学成跨步。你的变态微微地逐渐地展进，没有痕迹，使我全然不知不觉，以为你始终是我家的一个孩子，始终是我们这家庭里的一种点缀，始终可做我和你母亲的生活的慰安者。然而近年来，你态度行为的变化，渐渐证明其不然。你已在我们的不知不觉之间长成了一个少女，快将变为成人了。古人谓："父母之年不可不知也，一则以喜，一则以惧。"我现在反行了古人的话，在送你出黄金时代的时候，也觉得悲喜交集。

所喜者，近年来你的态度行为的变化，都是你将由孩子变成成人的表示。我的辛苦和你母亲的劬劳似乎有了成绩，私心庆慰。所悲者，你的黄金时代快要度尽，现实渐渐暴露，你将停止你的美丽的梦，而开始生活的奋斗了，我们仿佛丧失了一个从小依傍在身边的孩子，而另得了一个新交的知友。"乐莫乐兮新相知"；然而旧日天真烂漫的阿宝，从此永远不得再见了。

记得去春有一天，我拉了你的手在路上走。落花的风把一阵柳絮吹在你的头发上，脸孔上，嘴唇上，使你好像冒了雪，生了白胡须。我笑着搂住了你的肩，用手帕为你拂拭。你也笑着，仰起了头依在我的身旁。这在我们原是极寻常的事：以前每天你吃过饭，是我同你洗脸的。然而路上的人向我们注视，对我们窃笑，其意思仿佛在说："这样大的姑娘儿，还在路上教父亲搂住了拭脸孔！"我忽然看见你的身体似乎高大了，完全发育了，已由中性似的孩子变成十足的女性了。我忽然觉得，我与你之间似乎筑起一堵很高，很坚，很厚的无影的墙。你在我的怀抱中长起来，在我的提携中大起来；但从今以后，我和你将永远分居于两个世界了。一刹那间我心中感到深痛的悲哀。我怪怨你何不永远做一个孩子而定要长大起来，我怪怨人类中何必有男女之分。然而怪怨之后立刻破悲为笑。恍悟这不是当然的事，可喜的事么？

记得有一天，我从上海回来。你们兄弟姊妹照例拥在我身旁，等候我从提箱中取出"好东西"来分。我欣然地取出一束巧克力来，分给你们每人一包。你的弟妹们到手了这五色金银的巧克力，照例欢喜得大闹一场，雀跃地拿去尝新了。你受持了这赠品也表示欢喜，跟着弟妹们去了。然而过了几天，我偶然在楼窗中望下来，看见花台旁边，你拿着一包新开的巧克力，正在分给弟妹三人。他们各自争多嫌少，你忙着为他们均分。在一块缺角的巧克力上添了一张五色金银的包纸派给小妹妹了，方才三面公平。他们欢喜地吃糖了，你也欢喜地看他们吃。这使我觉得惊奇。吃巧克力，向来是我家儿童们的一大乐事。因为乡村里只有箬叶包的糖塌饼，草纸包的状元糕，没有这种五色金银的糖果；只有甜煞的粽子糖，咸煞的盐青果，没有这种异香异味的糖果。所以我每次到上海，一定要买些回来分给儿童，藉添家庭的乐趣。儿童们切望我回家的目的，大半就在这"好东西"上。你向来也是这"好东西"的切望者之一人。你曾经和弟妹们赌赛谁是最后吃完；你曾经把五色金银的锡纸积受起来制成华丽的手工品，使弟妹们艳羡。这回你怎么一想，肯把自己的一包藏起来，如数分给弟妹们吃呢？我看你为他们分均匀了之后表示非常的欢喜，同从前赌得了最后吃完时一样，不觉倚在楼上独笑起来。

因为我忆起了你小时候的事：十来年之前，你是我家里的一个捣乱分子，每天为了要求的不满足而哭几场，挨母亲打几顿。你吃蛋只要吃蛋黄，不要吃蛋白，母亲偶然夹一筷蛋白在你的饭碗里，你便把饭粒和蛋白乱拨在桌子上，同时大喊"要黄！要黄！"你以为凡物较好者就叫作"黄"。所以有一次你要小椅子玩耍，母亲搬一个小凳子给你，你也大喊"要黄！要黄！"你要长竹竿玩，母亲拿一根"史的克"给你，你也大喊"要黄！要黄！"你看不起那时候还只一二岁而不会活动的软软。吃东西时，把不好吃的东西留着给软软吃；讲故事时，把不幸的角色派给软软当。向母亲有所要求而不得允许的时候，你就高声地问："当错软软么？当错软软么？"你的意思以为：软软这个人要不得，其要求可以不允许；而阿宝是一个重要不过的人，其要求岂有不允许之理？今所以不允许者，大概是当错了软软的原故。所以每次高声地提醒你母亲，务要她证明阿宝正身，允许一切要求而后已。这个一味"要黄"而专门欺侮弱小的捣乱分子，今天在那里牺牲自己的幸福来增殖弟妹们的幸福，使我看了觉得可笑，又觉得可悲。你往日的一切雄心和梦想已经宣告失败，开始在遏制自己的要求，忍耐自己的欲望，而谋他人的幸福了；你已将走出惟我独尊的黄金时代，开始在尝人类之爱的辛味了。

记得去年有一天，我为了必要的事，将离家远行。在以前，每逢我出门了，你们一定不高兴，要阻住我，或者约我早归。在更早的以前，我出门须得瞒过你们。你弟弟后来寻我不着，须得哭几场。我回来了，倘预知时期，你们常到门口或半路上来迎候。我所描的那幅题曰《爸爸还不来》的画，便是以你和你的弟弟的等我归家为题材的。因为我在过去的十来年中，以你们为我的生活慰安者，天天晚上和你们谈故事，作游戏，吃东西，使你们都觉得家庭生活的温暖，少不来一个爸爸，所以不肯放我离家。去年这一天我要出门了，你的弟妹们照旧为我惜别，约我早归。我以为你也如此，正在约你何时回家和买些什么东西来，不意你却劝我早去，又劝我迟归，说你有种种玩意可以骗住弟妹们的阻止和盼待。原来你已在我和你母亲谈话中闻知了我此行有早去迟归的必要，决意为我分担生活的辛苦了。我此行感觉轻快，但又感觉悲哀。因为我家将少却了一个黄金时代的幸福儿。

以上原都是过去的事，但是常常切在我的心头，使我不能忘却。现在，你已做中学生，不久就要完全脱离黄金时代而走向成人的世间去了。我觉得你此行比出嫁更重大。古人送女儿出嫁诗云："幼为长所育，两别泣不休。对此结中肠，义往难复留。"你出黄金时代的"义往"，实比出嫁更"难复留"，我对此安得不"结中肠"？所以现在追述我的所感，写这篇文章来送你。你此后的去处，就是我这册画集里所描写的世间。我对于你此行很不放心。因为这好比把你从慈爱的父母身旁遣嫁到恶姑的家里去，正如前诗中说："自小闺内训，事姑贻我忧。"事姑取甚样的态度，我难于代你决定。但希望你努力自爱，勿贻我忧而已。

约十年前，我曾作一册描写你们的黄金时代的画集（《子恺画集》）。其序文（《给我的孩子们》）中曾经有这样的话："我的孩子们！我憧憬于你们的生活，每天不止一次！我想委曲地说出来，使你们自己晓得。可惜到你们懂得我的话的时候，你们将不复是可以使我憧憬的人了。这是何等可悲哀的事啊！""但是你们的黄金时代有限，现实终于要暴露的。这是我经验过来的情形，也是大人们谁也经验过来的情形。我眼看见儿时伴侣中的英雄、好汉，一个个退缩、顺从、妥协、屈服起来，到像绵羊的地步。我自己也是如此。'后之视今，亦犹今之视昔'，你们不久也要走这条路呢！"写这些话时的情景还历历在目，而现在你果然已经"懂得我的话"了！果然也要"走这条路"了！无常迅速，念此又安得不结中肠啊！

廿三（1934）年岁暮，选辑近作漫画，定名为《人间相》，付开明出版。选辑既竟，取十年前所刊《子恺画集》比较之，自觉画趣大意。读序文，不觉心情大异。遂写此篇，以为《人间相》辑后感。

　　我国著名漫画家、作家丰子恺，在本文中表达出了对女儿离开"黄金时代"的依恋和不舍。结合文章内容，你认为什么是"黄金时代"？

让我们成长的力量

提醒幸福

毕淑敏

我们从小就习惯了在提醒中过日子。天气刚有一丝风吹草动，妈妈就说，别忘了多穿衣服。才相识了一个朋友，爸爸就说，小心他是个骗子。你取得了一点成功，还没容得乐出声来，所有关切着你的人一起说，别骄傲！你沉浸在欢快中的时候，自己不停地对自己说：千万不可太高兴，苦难也许马上就要降临……

我们已经习惯于提醒，提醒的后缀词总是灾祸。灾祸似乎成了提醒的专利，把提醒也染得充满了淡淡的贬义。

我们已经习惯了在提醒中过日子，看得见的恐惧和看不见的恐惧始终像乌鸦盘旋在头顶。

在皓月当空的良宵，提醒会走出来对你说：注意风暴。于是我们忽略了皎洁的月光，急急忙忙做好风暴来临的一切准备。当我们大睁着眼睛枕戈待旦之时，风暴却像迟归的羊群，不知在哪里徘徊。当我们实在忍受不了等待灾难的煎熬时，我们甚至会恶意地祈盼风暴早些到来。

在许多夜晚，风暴始终没有降临。我们辜负了冰冷如银的月光。

风暴终于姗姗地来了。我们怅然发现，所做的准备多半是没有用的。事先能够抵御的风险毕竟有限，世上无法预计的灾难却是无限的。战胜灾难靠的更多的是临门一脚，先前的惴惴不安帮不上忙。

当风暴的尾巴终于远去，我们守住零乱的家园。气还没有喘匀，新的提醒又智慧地响起来，我们又开始对未来充满恐惧的期待。

人生总是有灾难。其实大多数人早已练就了对灾难的从容，我们只是还没有学会灾难间隙的快活。我们太多注重了自己警觉苦难，我们太忽视提醒幸福。

请从此注意幸福！

幸福也需要提醒吗？

提醒注意跌倒……提醒注意路滑……提醒受骗上当……提醒荣辱不惊……先哲们提醒了我们一万零一次，却不提醒我们幸福。

也许他们认为幸福不提醒也跑不了的。也许他们以为好的东西你自会珍惜，犯不上谆谆告诫。也许他们太崇尚血与火，觉得幸福无足挂齿。他们总是站在危崖上，指点我们逃离未来的苦难。

但避去苦难之后的时间是什么？

那就是幸福啊！

享受幸福是需要学习的，当幸福即将来临的时刻需要提醒。人可以自然而然地学会感官的享乐，人却无法天生地掌握幸福的韵律。灵魂的快意同器官的舒适像一对孪生兄弟，时而相傍相依，时而南辕北辙。

幸福是一种心灵的震颤，它像会倾听音乐的耳朵一样，需要不断地训练。

简言之，幸福就是没有痛苦的时刻。它出现的频率并不像我们想象的那样少。人们常常只是在幸福的金马车已经驶过去很远，捡起地上的金鬃毛说，原来我见过它。

人们喜爱回味幸福的标本，却忽略幸福披着露水散发清香的时刻。那时候我们往往步履匆匆，瞻前顾后不知在忙着什么。

世上有预报台风的，有预报蝗虫的，有预报瘟疫的，有预报地震的。没有人预报幸福。

其实幸福和世界万物一样，有它的征兆。

幸福常常是朦胧地、很有节制地向我们喷洒甘霖。你不要总希冀轰轰烈烈的幸福，它多半只是悄悄地扑面而来。你也不要企图把水龙头拧得更大，使幸福很快地流失。而需静静地以平和之心，体验幸福的真谛。

幸福绝大多数是朴素的。它不会像信号弹似的，在很高的天际闪烁红色的光芒。它披着本色的外衣，亲切温暖地包裹起我们。

幸福不喜欢喧嚣浮华，常常在黯淡中降临。贫困中相濡以沫的一块糕饼，患难中心心相印的一个眼神，父亲一次粗糙的抚摸，女友一个温馨的字条……这都是千金难买的幸福啊。像一粒粒缀在旧绸子上的红宝石，在凄凉中愈发熠熠夺目。

幸福有时会同我们开一个玩笑，乔装打扮而来。机遇、友情、成功、团圆……它们都酷似幸福，但它们并不等同于幸福。幸福会借了它们的衣裙，袅袅婷婷而来，走得近了，揭去帏幔，才发觉它有钢铁般的内核。幸福有时会很短暂，不像苦难似的笼罩天空。如果把人生的苦难和幸福分置天秤两端，苦难体积庞大，幸福可能只是一块小小的矿石。但指针一定要向幸福这一侧倾斜，因为它有生命的黄金。

幸福有梯形的切面，它可以扩大也可以缩小，就看你是否珍惜。

我们要提高对于幸福的警惕，当它到来的时刻，激情地享受每一分钟。据科学家研究，有意注意的结果比无意要好很多。

当春天的时候，我们要对自己说，这是春天啦，心里就会泛起茸茸的绿意。

幸福的时候，我们要对自己说，请记住这一刻！幸福就会长久地伴随我们。

那我们岂不是拥有了更多的幸福！

所以，丰收的季节，先不要去想可能的灾年，我们还有漫长的冬季来得及考虑这件事。我们要和朋友们跳舞唱歌，渲染喜悦。既然种子已经回报了汗水，我们就有权沉浸幸福。不要管以后的风霜雨雪，让我们先把麦子磨成面粉，烘一个香喷喷的面包。

所以，当我们从天涯海角相聚在一起的时候，请不要踌躇片刻后的别离。在今后漫长的岁月里，有无数孤寂的夜晚可以独自品尝愁绪。现在的每一分钟，都让它像纯净的酒精，燃烧成幸福的淡蓝色火焰，不留一丝渣滓。让我们一起举杯，说：我们幸福。

所以，当我们守候在年迈的父母膝下时，哪怕他们鬓发苍苍，哪怕他们垂垂老矣，你都要有勇气对自己说：我很幸福。因为天地无常，总有一天你会失去他们，会无限追悔此刻的时光。

幸福并不与财富、地位、声望、婚姻同步，它只是你心灵的感觉。

所以，当我们一无所有的时候，我们也能够说，我很幸福。因为我们还有健康的身体。当我们不再享有健康的时候，那些最勇敢的人可以依然微笑着说：我很幸福。因为我还有一颗健康的心。甚至当我们连心都不再存在的时候，那些人类最优秀的分子仍旧可以对宇宙大声说：我很幸福。因为我曾经生活过。

常常提醒自己注意幸福，就像在寒冷的日子里经常看看太阳，心就不知不觉暖洋洋亮光光。

牵手阅读

　　毕淑敏，当代散文家、小说家，著有小说《红处方》。这是一篇富有哲理的散文，作者由浅入深地带我们探寻幸福的真正意义。幸福就在我们的身边，它常常是朴素的、不易察觉的，但只要你用心体会，就能立刻发现它的踪影。文中列举的幸福时刻都是我们生活中常见的，常见到我们甚至不以为这是幸福。但其实，这些朴素的、微小的事情，才是我们最应该珍惜的幸福。同学们，你的身边有哪些容易被忽略的幸福呢？

十三岁是一个美好的无忧无虑的年纪，作者在十三岁那年发生了许许多多有趣的故事，有的让我们捧腹大笑，有的却让我们潸然泪下，但所有的故事都有一个共同的特点——充满童真。那么，就让我们赶紧看看在十三岁那年作者到底遇到了什么趣事吧。

十三岁的故事

梅子涵

十三岁的故事已经被说得太多了。多到什么程度呢？多到就和十二岁的故事一样多，也和十一岁的故事一样多。我想过不止一次，作家写故事，写孩子，为什么很喜欢写出一个具体的年龄？是不是写出具体年龄就意味深长了呢？是不是那个故事只能在那个年龄发生？是不是那个故事的确就是发生在作家自己的那个年龄，他写的就是自己？也许都有可能吧。

没有办法，我也要来讲一个十三岁的故事。我不能因为哪个年龄的故事已经讲得太多了就不讲。如果每个年龄的故事都被别人讲过，我就都不讲，那么还让我讲什么？那么难道我就不当作家了？我不当作家，那么我当什么？我还是想当作家。你讲你的，我讲我的。

这个故事真的就是发生在我十三岁的时候。这个故事是我的。其实我不应该用"发生"这个词，用这个词，你会以为一个了不起的惊心动魄的故事将会出现在你面前。不是这样的，没有什么了不起，更没有惊心动魄，它太平常了。我劝你，如果你没有兴趣，那么你可以现在就停止阅读，别浪费时间，免得你读完了骂我，我不喜欢被人骂。

我们现在开始阅读。

我写一句，你阅读一句。

我要说的这个故事是关于骑自行车的。不是我骑自行车，是我妈妈骑自行车。妈妈买了一辆自行车，每天骑着去上班，可是她刚学会，不敢骑，不会上车，不会下车，骑在路上摇摇摆摆。

故事开始前，我要告诉你这辆自行车的牌子：永久牌。我还要告诉你，从家里到妈妈的工厂有多少路：公共汽车五站路。

最重要的人物出场了，这个人物就是我。

我家住在五楼。现在我要把自行车从五楼扛到一楼。自行车是不能放在一楼的，如果放在一楼，肯定被偷掉。那个时候，买一辆自行车虽然不比登天难，但是和爬一根电线杆是差不多难的。买自行车难如爬电线杆，哈！所以我每天都要扛上扛下。晚上扛上去，早晨扛下来。

十三岁的时候，我有力气了，我帮外婆买米扛米，也帮妈妈扛自行车。自行车扛在肩上下楼，走得潇洒自若，耀武扬威。我在过道里转来绕去，右手抓住三脚架，左手扶住龙头，绝不让自行车碰到墙壁。我甚至可以轻轻地跑几下。

妈妈跟在我的后面。

楼里的人看见总说，又帮妈妈扛自行车！

这是一句听了让人很神气的话。

我把自行车推到路边，把妈妈的包夹在后座上，扶她上车，然后怎么办呢？

然后我看着妈妈摇摇晃晃地骑着走了。

然后我回家吃早饭，背着书包去上学。

错了，不是的。如果是那样，我还讲这个故事干吗？

现在令人吃惊的事情就要发生了，我是跟在妈妈的自行车后面奔！

我每天都这样跟在妈妈后面奔。

奔公共汽车五站路。

妈妈僵直地骑着，歪歪斜斜。妈妈人矮，所以车座放在最低的位置，她的脚尖才刚好够着。

只要后面或者对面有车开过来，她的车龙头就开始晃动。我奔在妈妈的左侧，这样可以挡住别的车，让妈妈觉得没有危险。我对妈妈说："妈妈，别紧张。"

"慢一点。"

"妈妈，扶好龙头。"

我背着书包。书包在屁股上一跳一跳。哈，应该说在臀部上一跳一跳。因为我把妈妈送到厂里以后，就直接奔着去上学，不回家了。

妈妈骑车的路线是延吉路——隆昌路——控江路——军工路。

延吉路骑到隆昌路右拐弯，隆昌路骑到控江路左拐弯，控江路骑到军工路右拐弯，然后一直骑，就到厂门口了。

我跟在妈妈的后面奔，还可以做些什么描述呢？我描述不出了。

那时，我看不见自己。我只顾着在跑。我只顾着保护妈妈。我只顾着看妈妈的车有没有摇摇晃晃。我只顾着说"妈妈，别……紧张""慢……一点""妈妈……扶好……龙头"。我只顾着均匀地呼吸，不让自己上气不接下气。我只顾着看着柏油路面在急速地往后退去。我只顾着看见又跑了一站，又跑了一站……

我现在要跟在十三岁时的我的身后看看那时的我！

能看得见吗？能看得见的。

我看见了。看得很清楚。

你很像是一匹少年小马，有时是小蓝马，有时又像小黄马，因为你穿着一套蓝衣服，有时穿着黄衣服。你奔得轻松欢快，抖擞昂扬。

你穿着白色回力牌球鞋。

你的头发那么浓密，卷曲地伏在头上，风吹也不动。

你不东张西望，眼睛注视妈妈，注视自行车。

你没有看见开过的公共汽车里总有人看你。他们一定在想，这小孩跟在自行车后面练跑步吗？

你没有看见她，但是她看见过你，她骑着自行车从对面的方向过来，她的自行车是绿色的，她是你的同班同学俞敏，她去上学。她是不是在想，他跑到哪儿去啊？

我跟在那时的我的后面跑，我看见了很多我看不见的东西。而且，我还想到了那时我没有想过的问题。比如，刚吃过早饭，这样跑，会不会得阑尾炎？比如，这样跑，等会儿上课肚子会不会饿得咕咕叫？

妈妈的工厂到了。它就在中国最有名的梅林罐头食品厂的对面。梅林罐头食品厂知道吗？生产午餐肉和清蒸猪肉的。香哦，很香很香，会流口水的。

我扶住了车，妈妈下了车，她推着车进了厂门。然后，她又走出来。她递了一个馒头给我。她每天都托门房的师傅帮她买一个馒头，给我课间的时候吃。我奔了很长的路，她怕我会饿。

我把馒头放进了书包，又开始往学校跑。我没有说"妈妈再见！"妈妈也没有说"谢谢你儿子！"我们不说这些话的。

下午四点半，我还会来，扶妈妈上车，跟着妈妈奔，回家。

这样的早晨和下午，一直持续到妈妈不怕了，骑的时候不摇摇晃晃了，有一天，突然就停止。

半年以后，我成为田径队队长，当然是中学田径队。我只有十三岁，所以是初中田径队。我的项目不是长跑，而是短跑，60米、100米、4×100米、4×100米我跑第四棒，因为我的速度最快。

　　我成为田径队队长，不是因为我跟在妈妈的自行车后面奔提高了水平。我本来就跑得快！如果我不是本来就跑得快，那么我也不会每天跟着妈妈的自行车奔，是我自己要奔的，不是妈妈叫我的。我可不会骗你们说，我就是奔不动，为了妈妈我也要死命奔。那样的话是骗人的电影、骗人的小说里说的，也是很多骗人的作文里说的。骗人不好！骗人的故事太多了，我可不想说骗人的故事！小说要诚实，作文要诚实，文学不骗人。

　　我最后要告诉你，我参加区运动会，60米得了冠军。那天下着蒙蒙细雨，可这一点没影响我得冠军。我跑的时候听见看台上我们班级女生尖细的加油声直往我耳里钻心里钻。后来语文课老师布置作文题，照例又是《记一次运动会》。我很认真地写，写了我得冠军的事，可是老师没有讲评我。老师讲评的又是俞敏的作文，老师经常讲评她的作文。俞敏的作文里写到我，她说："梅子涵跑着跑着像一只苍鹰一样飞了起来。"大家笑得差点翻了椅子，因为大家以为是像苍蝇一样飞起来。老师及时在黑板上把"苍鹰"两字写了出来。我脸红了。我不好意思看俞敏，不知道她的脸是不是也红了。

故事讲完了。

你没有很失望吧？

我知道你不会很失望。如果你很失望，那么我对你也很失望。

牵手阅读

梅子涵，著名儿童文学作家，倡导儿童阅读，并为孩子们推荐值得阅读的好书，代表作有《女儿的故事》《戴小·桥和他的哥们儿》等。这篇文章语言质朴又充满幽默感，讲述了十三岁那年，"我"有力气了，便主动帮妈妈扛车。妈妈去上班，"我"热心地扶她上车。由于担心妈妈骑车会在路上发生危险，"我"跟在她后面拼命奔跑，一路保护她、提醒她。就这样，一直跟到妈妈学会了骑车。对一个十三岁的少年来说，跑那么长的路并不是一件容易的事情，那么，是什么促使他坚持跑下去呢？是爱的力量，是对自己妈妈的爱。同学们，这篇文章有没有让你们觉得感动？想一想自己有没有为妈妈做过一些让她感动的事情呢？

导读

　　你是否拥有一个不愿舍弃的物品？它和你之间发生过什么故事？作者与他的"黑马"之间的情谊深厚而动人，我们一起来看一下吧。

黑　马

班　马

　　孤旅中，常常是我的黑马陪伴着我。

　　它是一辆黑色的旧旧的自行车。

　　它真是我的黑马，我的许多经历都与它有着联系。确实奇怪，我对这半机械式的冷冰冰的铁质产品竟抱有一种深深的亲情。

　　到后来，我确有点爱它。

　　我的黑马默默无语。它没有铃，我们总是凭着沉静和灵巧穿行。默默无语，我和它曾访遍江南，江南二十四桥，就这样日夜兼程，默默无语。我们也曾渡江北上，北方的原野，也就这样路轻骑。我所永远记忆的那些中国乡村的路途，那些沙石的四级公路，那些走不完的杨树，那些阴的茶亭和明的茶亭，那些一家一个样的木的砖的楼的棚的旅舍和驿站啊，我们经历多少？

默默无语我的黑马，你同我在一起。

那是无法忘记的，我与你的自得——在绿色列车从我们行程的公路边呼啸而过时，我蹬着车冲着那车窗口的旅客大叫："我比你们更有劲！"那也是无法忘记的我与你的自怜——在风雨泥泞的途中，那些骄横的摩托车从背后擦着驶过时轻蔑地溅我们一身泥浆，我低头咬牙唤道："伙计，我们走我们的！"

我的手无法忘记你一路的跳动，所传递给我的顺从；我的脚无法忘记你一下一下的节奏，所传递给我的听命；我的身体无法忘记你的轻轻一声呻吟或是你的微微一个颤抖，所传递给我的你的全部的付与……我的黑马，你我紧紧连在一起，我的青春的搏动、我的热血的奔涌、我的力量和速度、我的身体和意志，都在旅途上同你连在了一起，我们互相接触，我们互相缠绕，我们的运动成为一体。

那一次在苏北的姚村，我的黑马，你太让我吃惊了。由于春泛，原来的小道淹没了，必须涉过几里宽的大水河滩，那浑水下的坑洼、树桩和光石什么都有，令我却步。我便残酷地驱使了你，安坐在你的身上在水中徐徐骑动，让你去摸索那些未知的水滩，你半淹在水下颠簸着，坎坷着，时时在乱石中挣扎着，又时时在荆棘中闯荡着，随时都有可能栽入洼穴，或是刺破车胎；我紧张地操弄着手和脚，其实是你的动作在操弄着我的手和脚，我浑身的力已同你车身的力高敏感度地混合在一起，在这危险摇摆的徐徐踏动中，在每一个瞬间的停顿和每一个瞬间的扭曲中，人和车已全凭着默契，全凭着灵性。我一直在担心着车也许会突然破胎，也许会突然断链，可是我的这匹黑马，这顽强的破车，竟然在每个可怕的时刻都挺过来了，竟然一次次消除了我手上和腿上所预感到的紧张。最后，当它湿淋淋地驮着我上了河岸——我支起了它，看着它在地上淌下了一大摊泥水，我真有点惊喜交集，并感到它的车架和钢丝之中似乎也有某种生命的意味，顿时，我是那样亲热地拍它的坐垫，就像是拍一个患难之交好友的肩一样。

我的黑马，它却仍是默默无语。

人与一辆自行车有了一种称得上"感情"的联系，这在我与我的黑马之间是确实的。它发生在一次秋季的旅行中，我对我的黑马在那时涌起的难忘的感情，我将深深记得——那天，本来是正常旅行的一天，只是晚上投宿的客栈小而拥挤，只有间供匆匆过客倒头齐睡的通铺。睡到半夜，我被一片风雨之声惊醒，粗大而冷寂的雨点横扫着窗户，敲得瓦片乱响，我突然间想起了我的车，它孤单单地正停放在屋外的院落里，此刻就淋在雨中，任随秋雨吹打。我躺着想着，不由心头掠过一阵难受的感觉，我真感到了一种内心不安，对不起我的黑马。若真是一匹马，总还会有一个马棚和一堆干草，可我的自行车却毫无任何享受，此刻，还可怜地孤立在风吹雨打的夜中……

黑马它默默无语，越来越破旧了。

我已骑着它跑了不少地方。直到那一天，我简直无法想象我竟会是那样与我的黑马告别——在华北大平原的一个小县城，我终于落到了身无分文的境地，头又昏沉沉的，像快要染上什么发冷的病；为了能够买一张火车票以便脱身，离开这个地方，我只得卖掉这辆自行车。当我困顿地推着它走在县城拥挤的窄街上寻找着寄卖行的那时，我不由想到了秦琼卖马，心

中有点悲切。最后我手里拿到可怜的几十元钱，再看到我的黑马被人胡乱拎起丢到废铜烂铁的一个暗暗角落之时，我感到良心受到了强烈的谴责。我的黑马，轮子朝天地横躺在那里，它默默无语，我才第一次觉察到它原来已经是那样的破旧，我强烈地感到它如此破旧全是为了我，我把它折磨成这样，又把它丢弃在这异地……

在我的孤旅中，曾有你，我默默无语的黑马。

 牵手阅读

"黑马"默默陪伴作者走过的，是一段挣扎而颠簸的青春。作者孤单而困顿，这种感情在无尽的蹬踩之中似乎能够传递给他的"黑马"；而凭着一腔孤勇顽强生存的作者，也感到自己与"黑马"的同病相怜。然而最后，为了生计，作者仍然不得不卖掉曾陪伴他的自行车。他强烈的愧疚和悲切，化作淡淡的怀念。作者为何称自己的自行车为"黑马"？

「吃」这件大事

导读 ·················

　　腊八节，喝腊八粥。现在想起，怀念的或许不只是那一碗腊八粥，而是腊八粥里面藏着的亲情。腊八粥甘甜可口，家人的话简单朴实，但是想起时，却久久不能遗忘……

腊八粥

沈从文

　　初学喊爸爸的小孩子，会出门叫洋车了的大孩子，嘴巴上长了许多白胡胡的老孩子，提到腊八粥，谁不口里就立时生一种甜甜的腻腻的感觉呢。把小米，饭豆，枣，栗，白糖，花生仁儿合并拢来糊糊涂涂煮成一锅，让它在锅中叹气似的沸腾着，单看它那叹气样儿，闻闻那种香味，就够咽三口以上的唾沫了，何况是，大碗大碗地装着，大匙大匙朝口里塞灌呢！

　　住方家大院的八儿，今天喜得快要发疯了。一个人出出进进灶房，看到那一大锅正在叹气的粥，碗盏都已预备得整齐摆到灶边好久了，但他妈总说是时候还早。

他妈正拿起一把锅铲在粥里搅和。锅里的粥也像是益发浓稠了。

"妈，妈，要到什么时候才……"

"要到夜里！"其实他妈所说的夜里，并不是上灯以后。但八儿听了这种松劲的话，眼睛可急红了。锅子中，有声无力的叹气正还在继续。

"那我饿了！"八儿要哭的样子。

"饿了，也得到太阳落下时才准吃。"

饿了，也得到太阳落下时才准吃。你们想，妈的命令，看羊还不够资格的八儿，难道还能设什么法来反抗吗？并且八儿所说的饿，也不可靠，不过因为一进灶房，就听到那锅子中叹气又像是正在呻唤的东西，因好奇而急于想尝尝这奇怪东西罢了。

"妈，妈，等一下我要吃三碗！我们只准大哥吃一碗。大哥同爹都吃不得甜的，我们俩光吃甜的也行……妈，妈，你吃三碗我也吃三碗，大哥同爹只准各吃一碗；一共八碗，是吗？"

"是呀！孥孥说得对。"

"吃"这件大事

"要不然我吃三碗半，你就吃两碗半……""卜……"锅内又叹了声气。八儿回过头来了。

比灶矮了许多的八儿，回过头来的结果，亦不过看到一股淡淡烟气往上一冲而已！

锅中的一切，这在八儿，只能猜想……栗子会已稀烂到认不清楚了罢，赤饭豆会煮得浑身透肿成了患水臌胀病那样子了罢，花生仁儿吃来总已是面澄澄的了！枣子必大了三四倍——要是真的干红枣也有那么大，那就妙极了！糖若做多了，它会起锅巴……

"妈，妈，你抱我起来看看罢！"于是妈就如八儿所求的把他抱了起来。

"哦……"他惊异得喊起来了，锅中的一切已进了他的眼中。

这不能不说是奇怪呀，栗子跌进锅里，不久就得粉碎，那是他知道的。他曾见过跌进到黄焖鸡锅子里的一群栗子，不久就融掉了。赤饭豆害水臌肿，那也是往常熬粥时常见的事。花生仁儿脱了它的红外套，这是不消说的事。锅巴，正是围了锅边成一圈。总之，一切都成了如他所猜的样子了，但他却想不到今日粥的颜色是深褐。

"怎么，黑的！"八儿还同时想起染缸里的脏水。

"枣子同赤豆搁多了。"妈的解释的结果，是捡了一枚大得吓人的赤枣给了八儿。虽说是枣子同饭豆搁得多了一点，但大家都承认味道是比普通的粥要好吃得多了。

夜饭桌边，靠到他妈斜立着的八儿，肚子已成了一面小鼓了。如在热天，总免不了又要为他妈的手掌麻烦一番罢。在他身边桌上那两支筷子，很浪漫地摆成一个十字。桌上那大青花碗中的半碗陈腊肉，八儿的爹同妈也都奈何它不来了。

"妈，妈，你喊哈叭出去了罢！讨厌死了，尽到别人脚下钻！"

若不是八儿脚下弃得腊肉皮骨格外多，哈叭也不会单同他来那么亲热罢。

"哈叭，我八儿要你出去，快滚罢……"接着是一块大骨头掷到地上，哈叭总算知事，衔着骨头到外面啃嚼去了。

"再不知趣，就赏它几脚！"八儿的爹，看那只哈叭摇着尾巴很规矩的出去后，对着八儿笑笑地说。其实，"赏它几脚"的话，倘若真要八儿来执行，还不是空的？凭你八儿再用力重踢它几脚，让你八儿狠狠地用出吃奶力气，顽皮的哈叭，它不还是依然伏在桌下嚼它所愿嚼的东西吗？

因为"赏它几脚"的话，又使八儿的妈记起了许多他爹平素袒护狗的事。

"赏它几脚，你看到它欺负八儿，哪一次又舍得踢它？八宝精似的，养得它恣刺得怪不逗人欢喜，一吃饭就来桌子下头钻，赶出去还得丢一块骨头，其实都是你惯死了它！"这显然是对八儿的爹有点揶揄了。

"真的，妈，它还抢过我的鸭子脑壳呢。"其实这也只能怪八儿那一次自己手松。然而八儿偏把这话来帮助他妈说哈叭的坏话。

"那我明天就把哈叭带到场上去，不再让它同你玩。"果真八儿的爹的宣言是真，那以后八儿就未免寂寞了。

然而八儿知道爹是不会把狗带到场上去的，故毫不气馁。

"让他带去，我宝宝一个人不会玩，难道必定要一个狗来陪吗？"以下的话风又转到了爹的身上，"牵了去也免得天天同八儿争东西吃！"

"你只恨哈叭，哈叭哪里及得到梁家的小黄呢？"

"要是小黄在我家里，我早就喊人来打死卖到汤锅铺子去了。"八儿的妈说来脸已红红的！

小黄是怎么一个样子，乃值得八儿的爹提出来同哈叭相较呢？那是上隔壁梁家一只守门狗，有得是见人就咬的一张狠口。梁家因了这只狗，儿多熟人都不敢上门了。但八儿的妈，时常过梁家时，那狗却像很客气似的，低低吠两声就走了开去。八儿的妈，以为这已是互相认识的一种表示了，所以总不大如别人样对这狗防备。上月子，为八儿做满八岁的生日，八儿的妈上梁家去借碓舂粑粑，进门后，小黄突然一变往日态度，毫不认账似的，扑拢来大腿腱子肉上咬了一口就走了。这也只能怪她自己，头上顶了那个平素小黄不曾见她顶过的竹簸。落后是梁四屋里人为敷上了止血药，又为把米粉舂好了事。转身时，八儿的妈就——为他爹说了，还说那畜生连天天见面的人也认不清，真的该拿来打死起！因此一来，八儿的爹就找出一句为自己心爱这只哈叭护短的话了。

譬如是哈叭顽皮到使八儿的妈发气时，八儿的爹就把"比梁家小黄就不如了！""那你喜欢小黄罢？""我这哈叭可惜不会咬人！"一类足以证明这只哈叭虽顽皮实天真驯善的话来解围，自然这一类解围的话中，还夹着点逗自己奶奶开心的意味。

本来那一次小黄给她的惊吓比痛苦还多，请想，两只手正扶着一个大簸箕，而那畜生闪不知扑拢来就在你腱子肉上啃一下，怎不使人气愤？要是八儿家哈叭竟顽皮到同小黄一样，恐怕八儿的爹，不再要奶奶提议，也早做成打狗的杨大爷一笔生意了。

八儿不着意地把头转到门帘子脚边去，两个白花耳朵同一双大眼睛又在门帘下脚掀开处出现了。哈叭像是心里怯怯的，只把一个头伸进房来看里面的风色，又像不好意思似的（尾巴也在摇摆）。

"混账……"很懂事样子经过八儿一声吆喝，哈叭那个大头就不见了。然而八儿知道哈叭这时还在门帘外边徘徊。

一九二五年十二月二十六日于北京

沈从文是20世纪中国最为优秀的作家之一，《边城》是其代表作之一。他的这篇文章语言朴实无华，描写了一家人其乐融融享受腊八粥的场景，塑造出了很强的现场感。虽然，文章没有很明显地说"爱"这个字眼，但是从一家人，甚至是哈叭的活动上，都体现着大家彼此之间深厚的爱。文章的语言风格质朴、简单、口语化，充满真实感。结合文章内容，你认为从哪些细节可以体现出家人之间的爱？

导读

　　端午节是中国的传统节日之一，吃粽子，赛龙舟，都是中国传统端午习俗中的一部分。你听说过端午节吃鸭蛋的吗？汪曾祺印象里的端午节，与鸭蛋有关。这鸭蛋到底有什么特殊和神奇之处，能让他一生难忘？让我们跟随汪曾祺的笔触，一起回到那个小城。

端午的鸭蛋

汪曾祺

　　家乡的端午，很多风俗和外地一样。系百索子。五色的丝线拧成小绳，系在手腕上。丝线是掉色的，洗脸时沾了水，手腕上就印得红一道绿一道的。做香角子。丝丝缠成小粽子，里头装了香面，一个一个串起来，挂在帐钩上。贴五毒。红纸剪成五毒，贴在门槛上。贴符。这符是城隍庙送来的。城隍庙的老道士还是我的寄名干爹，他每年端午节前就派小道士送符来，还有两把小纸扇。符送来了，就贴在堂屋的门楣上。一尺来长的黄色、蓝色的纸条，上面用朱笔画些莫名其妙的道道，这就能辟邪么？喝雄黄酒。用酒和的雄黄在孩子的额头上画一个王字，这是很多地方都有的。有一个风俗不知别处有不：放黄烟子。黄烟子是大小如北方的麻雷子的炮仗，只是里面灌的不是硝药，而是雄黄。点着后不响，只是冒出一股黄烟，能冒好一会。把点着的黄烟子丢在橱柜下面，说是可以熏五毒。小孩子点了黄烟子，常把它的一头抵在板壁上写虎字。写黄烟虎字笔画不能断，所以我们那里的孩子都会写草书的"一笔虎"。还有一个风俗，是端午节的午饭要吃"十二红"，就是十二道红颜色的菜。十二红里我只记得有炒红苋菜、油爆虾、咸鸭蛋，其余的都记不清，数不出了。也许十二红只是一个名目，不一定真凑足十二样。不过午饭的菜都是红的，这一点是我没有记错的，而且，苋菜、虾、鸭蛋，一定是有的。这三样，在我的家乡，都不贵，多数人家是吃得起的。

我的家乡是水乡。出鸭。高邮大麻鸭是著名的鸭种。鸭多，鸭蛋也多。高邮人也善于腌鸭蛋。高邮咸鸭蛋于是出了名。我在苏南、浙江，每逢有人问起我的籍贯，回答之后，对方就会肃然起敬："哦！你们那里出咸鸭蛋！"上海的卖腌腊的店铺里也卖咸鸭蛋，必用纸条特别标明：

"高邮咸蛋"。高邮还出双黄鸭蛋。别处鸭蛋也偶有双黄的，但不如高邮的多，可以成批输出。双黄鸭蛋味道其实无特别处。还不就是个鸭蛋！只是切开之后，里面圆圆的两个黄，使人惊奇不已。我对异乡人称道高邮鸭蛋，是不大高兴的，好像我们那穷地方就出鸭蛋似的！不过高邮的咸鸭蛋，确实是好，我走的地方不少，所食鸭蛋多矣，但和我家乡的完全不能相比！曾经沧海难为水，他乡咸鸭蛋，我实在瞧不上。袁枚的《随园食单·小菜单》有"腌蛋"一条。袁子才这个人我不喜欢，他的《食单》好些菜的做法是听来的，他自己并不会做菜。但是《腌蛋》这一条我看后却觉得很亲切，而且"与有荣焉"。文不长，录如下：

腌蛋以高邮为佳，颜色细而油多，高文端公最喜食之。席间，先夹取以敬客，放盘中。总宜切开带壳，黄白兼用；不可存黄去白，使味不全，油亦走散。

高邮咸蛋的特点是质细而油多。蛋白柔嫩，不似别处的发干、发粉，入口如嚼石灰。油多尤为别处所不及。鸭蛋的吃法，如袁子才所说，带壳切开，是一种，那是席间待客的办法。平常食
用，一般都是敲破"空
头"用筷子挖着吃。筷
子头一扎下去，吱——
红油就冒出来了。高邮
咸蛋的黄是通红的。苏
北有一道名菜，叫作"朱砂豆腐"，就是用高邮鸭蛋黄炒
的豆腐。我在北京吃的咸鸭蛋，蛋黄是浅黄色的，这叫什
么咸鸭蛋呢！

　　端午节，我们那里的孩子兴挂"鸭蛋络子"。头一天，
就由姑姑或姐姐用彩色丝线打好了络子。端午一早，鸭蛋
煮熟了，由孩子自己去挑一个，鸭蛋有什么可挑的呢？
有！一要挑淡青壳的。鸭蛋壳有白的和淡青的两种。二要
挑形状好看的。别说鸭蛋都是一样的，细看却不同。有的
样子蠢，有的秀气。挑好了，装在络子里，挂在大襟的纽
扣上。这有什么好看呢？然而它是孩子心爱的饰物。鸭蛋
络子挂了多半天，什么时候孩子一高兴，就把络子里的鸭
蛋掏出来，吃了。端午的鸭蛋，新腌不久，只有一点淡淡
的咸味，白嘴吃也可以。

　　孩子吃鸭蛋是很小心的。除了敲去空头，不把蛋壳碰

破。蛋黄蛋白吃光了，用清水把鸭蛋壳里面洗净，晚上捉了萤火虫来，装在蛋壳里，空头的地方糊一层薄罗。萤火虫在鸭蛋壳里一闪一闪地亮，好看极了！

小时读囊萤映雪故事，觉得东晋的车胤用练囊盛了几十只萤火虫，照了读书，还不如用鸭蛋壳来装萤火虫。不过用萤火虫照亮来读书，而且一夜读到天亮，这能行么？车胤读的是手写的卷子，字大，若是读现在的新五号字，大概是不行的。

牵手阅读

《端午的鸭蛋》记叙了当代作家汪曾祺家乡端午节的一些风俗，着重介绍了家乡咸鸭蛋的特色，流露出对儿时生活的怀念，对家乡的赞美之情。语言闲适自由，趣味盎然，充满生活情趣。你还知道哪些端午的习俗？你的故乡又有哪些令人难忘的食物？

　　九九重阳，是中国的传统节日。你有没有听说过重阳节吃花糕的习俗呢？让我们跟随作者，去看看重阳花糕的故事。

重阳花糕

肖复兴

　　九九重阳节是一个很老的节日，和我们今天一样，古人也是数字崇拜，以九为阳，两九合在一起，谓之日月并阳，重阳节就是这样得来的。如今，将重阳节赋予了敬老的含意，是很吉利得体的，对老人美好祝福的内涵是极其丰富的。

　　重阳节，老北京人以前讲究要登高的，城北要登天宁寺，城南要登法藏寺，登高的同时，还讲究要喝菊花酒、插茱萸、吃花糕。这样的传统，一直延续到民国期间。单说这花糕，已经很有些个年头未见了。去年重阳节前，到稻香村买点心，忽然看见了重阳花糕，颇有点儿意外，甚至惊奇，跟阔别重逢一般。上下两层，里面夹着枣泥、山楂、核桃仁和果脯，上印"重阳花糕"方章，红红的，很喜兴。买回家一尝，味道很地道，让人能够回味当年。

重阳花糕，自明代开始就有，来自皇宫，传至民间。过去的竹枝词里说"中秋才过近重阳，又见花糕各处忙"，对应的是老百姓心底里"层层登高，步步高升"的吉祥愿景，既是对老人，也是对所有的人的一种祝愿。我们民族饮食的博大精深，讲究把万般不同的心愿，和时序拧结一起的悠久的民俗传统，随季节变化而花样翻新，不像西方一年四季点心都是一样的蛋糕和面包。

在老北京，重阳花糕有两种，一种是如今稻香村里卖的那种，只不过，除了双层，还有三层或更多层的。按《京都风俗志》里说，糕上面还应该印有双羊图案，是"重阳"的一种谐音化的印记，而不仅仅是扣上一枚"重阳花糕"的方章。另一种，则是用黄米和江米蒸成上下两层，中间裹以枣、栗等果仁，叫作上金下银，图个金银满堂的吉利。当然，前者价钱贵，后者便宜，有人说重阳花糕和北京杂拌一样，也分糙细两种。后者在登高的寺庙前和山道两侧热卖，摊子旁要插着各色旗子，让人一目了然，知

道是卖花糕的，人称"花糕旗"。登高的人们奔着"花糕旗"去买花糕，就像过去春节逛厂甸必要买一串大长葫芦回家一样，或者如现在情人节里必要买一支玫瑰捧在手里一样，成了重阳节热闹而醒目的一景。清竹枝词里说"今日登高遇佳节，去寻市上卖糕人"，说的就是这一景。

今日，我们强调重阳节是敬老节，特别讲究的是晚辈对长辈的孝敬。在老北京，这一天，特别彰显的是长辈对下一代尤其是女儿的关爱。明《帝京景物略》一书就记载着重阳节也是"女儿节"的来历。这一天，父母必定要在家里迎接出阁的女儿回家，回家来有一个必不可少的节目，就是吃花糕。如果这一天没有迎来出阁的女儿回家吃这一口花糕，"母则垢，女则怨诧，小妹则泣望其姊姨"。民俗的传统，有时候就是这样的有意思，表面看起来的是饮食男女，儿女情长，积淀下来的却是民族文化流淌的血脉。

如今，"女儿节"的传统，早就没有了。但是，吃花糕的传统，毕竟又续上了香火。其实，父母和子女围坐一起吃点儿花糕，重阳节便既是"敬老节"，也是"女儿节"。无须父母迎候，做子女的这一天提一盒重阳花糕主动上门，让爱成为一个连在一起的圆，彼此循环，其乐融融，让重阳这一天长辈和晚辈团聚，真的是日月并阳，好事成双。那么，重阳节，其实也就是爱的节日。

如果有聪明的店家，在重阳花糕上做点儿文章，进一步开掘传统，把如今的双层再"层层登高，步步高升"，将以前曾经有过的三层乃至更多层的花糕推出，中间夹着枣、栗果仁再丰富多彩一些，如寿桃一样，中间做一个多层的大花糕，四周围一圈小花糕，让孩子买回家孝敬老人，一定会大受欢迎。那大花糕就是老人，而一圈小花糕就是他们的孩子们呀。

肖复兴是中国当代著名作家，他的作品如《那片绿绿的爬山虎》《荔枝》《寻找贝多芬》被选入课本。重阳的花糕，在作者肖复兴记忆深处占据了很重要的地位。花糕像是全文的线索，一直贯穿全文，花糕象征着传统习俗，象征着作者关于重阳节的所有记忆。你还了解重阳节的什么习俗？

导读

北方的人家，对于家常菜是很有讲究的，节日里的吃食更是这样。不同的节日里，对于吃食的讲究也就各不相同。那么这些节日到底都有什么不一样的吃食和讲究呢？让我们去文章里找答案。

故乡的吃食

迟子建

北方人好吃，但吃得不像南方人那么讲究和精致，菜品味重色暗，所以真正能上得了席面的很少。不过寻常百姓家也是不需要什么席面的，所以那些家常菜一直是我们的最爱。

如果不年不节的，平素大家吃的都很简单。由于故乡地处苦寒之地，冬季漫长，寸草不生，所以吃不到新鲜的绿色蔬菜。我们食用的，都是晚秋时储藏在地窖里的菜：土豆、萝卜、白菜、胡萝卜、大头菜、倭瓜，当然还有腌制的酸菜和夏季时晒的干菜，比如豆角干、西葫芦干、茄子干等。人们喜欢吃炖菜，冬天的菜尤其适合炖。将一大盆连汤带菜的热气腾腾的炖菜捧上桌，寒冷都被赶走了三分。人们喜欢把主食泡在炖菜中，比如玉米饼和高粱米饭，一经炖菜的浸润，有如酒经过了岁月的洗礼，滋味格外地醇厚。而到了夏季，炖菜就被蘸酱菜和炒菜代替了。园田中有各色碧绿的新鲜蔬菜，菠菜呀、黄瓜呀、青葱呀、生菜呀，等等，都适宜生着蘸酱吃；而芹菜、辣椒等等则可爆炒，这个季节的主食就不像冬天似的以干的为主了，这时候人们喜欢喝粥，芸豆大糙子粥、高粱米粥以及小米绿豆粥是此时餐桌上的主宰。

家常便饭到了节日时，就像毛手毛脚的短工，被打发了，节日自有节日的吃食。先从春天说起吧。立春的那一天，家家都得烙春饼。春饼不能油大，要擀得薄如纸片，用慢火在锅里轻轻翻转，烙到白色的面饼上，飞出一片片晚霞般的金黄的印记，饼就熟了。烙过春饼，再炒上一盘切得细若游丝的土豆丝，用春饼卷了吃，真的觉得春天温暖地回来了。除了吃春饼，这一天还要"啃春"，好像残冬是顽石一块，不动用牙齿啃噬它，春天的气息就飘不出来似的。我们啃春的对象就是萝卜，萝卜到了立春时，柴

的比脆生的多，所以选啃春的萝卜就跟皇帝选妃子一样周折，既要看它的模样，又要看它是否丰腴，汁液是否饱满。很奇怪，啃过春后，嘴里就会荡漾着一股清香的气味，恰似春天草木复苏的气息。立春一过，离清明就不远了。人们这一天会挎着篮子去山上给已故的亲人上坟。篮子里装着染成红色的熟鸡蛋，它们被上过供后，依然会被带回到生者的餐桌上，由大家分食，据说吃了这样的鸡蛋很吉利。而谁家要是生了孩子，主人也会煮了鸡蛋，把皮染红，送与亲戚和邻里分享。所以我觉得红皮鸡蛋走在两个极端上：出生和死亡。它们像一双无形的大手，一手把新生婴儿托到尘世上，一手又把一个衰朽的生命送回尘土里。所以清明节的鸡蛋，吃起来总觉得有股土腥味。

清明过后，天气越来越暖了，野花开了，草也长高了，这时端午节来了。家家户户提前把风干的粽叶泡好，将糯米也泡好，包粽子的工作就开始了。粽子一般都包成菱形，若是用五彩线捆粽叶的话，粽子看上去就像花荷包了。粽子里通常要夹馅的，爱吃甜的就夹上红枣和豆沙，爱吃咸的就夹上一块腌肉。粽子蒸熟后，要放到凉水中浸着，这样放个两天三天都不会坏。父亲那时爱跟我们讲端午节的来历，讲屈原，讲他投水的那条汨罗江，讲人们包了粽子投到水里是为了喂鱼，鱼吃了粽子，就不会吃屈原了。我那时一根筋，心想：你们凭什么认为鱼吃了粽子后就不会去吃人肉？我们一顿不是至少也得吃两道菜吗？吃粽子跟吃点心是一样的，完全可以拿着它们到门外去吃。门楣上插着拴着红葫芦的柳枝和艾蒿，一红一绿的，看上去分外明丽，站在那儿吃粽子真的是无限风光。我那时对屈原的诗一无所知，但我想他一定是个了不起的诗人，因为世上的诗人很多，只有他才会给我们带来节日。

端午节之后的大节日，当数中秋节了。中秋节是一定要吃月饼的。那时商店卖的月饼只有一种，馅是用青红丝、花生仁、核桃仁以及白糖调和而成的，类似于现在的五仁月饼，非常甜腻。我小的时候虫牙多，所以记得有两次八月十五吃月饼时，吃得牙痛，大家赏月时，我却疼得呜呜直哭。爸爸会抱起我，让我从月亮里看那个偷吃了长生不老药而飞入月宫的嫦娥，可我那双蒙眬的泪眼看到的只是一团白花花的东西。月光和我的泪花融合在一起了。在这一天，小孩子们爱唱一首歌谣：蛤蟆蛤蟆气鼓，气到八月十五，杀猪、宰羊，气得蛤蟆直哭。

蛤蟆的哭声我没听到，倒是听见了自己牙痛的哭声。所以我觉得自己就是歌谣中那只可怜的蛤蟆，因牙痛而不敢碰中秋餐桌上丰盛的菜肴。

中秋一过，天就凉了，树叶黄了，秋风把黄叶吹得满天飞。雪来了。雪一来，腊月和春节也就跟着来了。都说腊七腊八冻掉下巴，所以到了腊八的时候，人们要煮腊八粥喝。腊八粥的内容非常丰富，粥中不仅有多种多样的米，如玉米、高粱米、小米、黑米、大米；还有一些豆类，如芸豆、绿豆、黑豆等。这些米和豆经过几个小时慢火的熬制，香软滑腻，喝上这样一碗香喷喷的粥，真的是不惧怕寒风和冰雪了。

一年中最大最隆重的节日莫过于春节了。我们那里一进腊月，女人们就开始忙年了。她们会每天发上一块大面团，花样翻新地蒸年干粮，什么馒头、豆包、糖三角、花卷、枣山，蒸好了就放到外面冻上，然后收到空面袋里，堆置在仓房，正月时随吃随取。除了蒸年干粮，腊月还要宰猪。宰猪就是男人们的事情了。谁家宰猪，那天就是谁家的节日。餐桌上少不了要有蒜泥血肠、大骨棒炖干豆角、酸菜白肉等令人胃口大开的菜。

人们一年的忙活，最终都聚集在除夕的那顿年夜饭上了。除了必须要包饺子之外，家家都要做上一桌的荤菜，少则六个，多则十二、十八个，看到盘子挨着盘子，碗挨着碗，灯影下大人们脸上的表情是平和的。他们很知足地看着我们，就像一只羊喂饱了它的羊羔，满面温存。我们争着吃饺子，有时会被大人们悄悄包到饺子里的硬币给硌了牙，当我们"当啷"一声将硬币吐到桌子上时，我们就长了一岁。

春天的颜色

牵手阅读

迟子建是我国当代著名作家，代表作有《北极村童话》《我的世界下雪了》等。本文看似朴实无华，实则却感情细腻。看似用了大片笔墨描写"吃食"，但感情却集中在"故乡"这个字眼上。文章里出现了多次"父亲"，可以看出，虽然时隔多年，但是作者对于父亲所说的话依旧记忆犹新。一个又一个充满仪式感的节日，节日中各式各样吃食的吃法，节日里父亲带给我的记忆，所有的一切，都充满了一样东西，那就是对于故乡最深沉的爱。本文是按照什么顺序来写的？从哪里可以体现出作者对于故乡的情感？

感谢您赋予我生命

导读

这是一封母亲写给女儿的信，信中充满了对女儿的爱和对生命的礼赞，请你带着感情朗读这封信。

每一个生命都是奇迹

叶　梅

女儿，你从小喜欢听故事，无论吃饭睡觉、行车走路，你总爱抓紧机会问这问那，听什么都津津有味。那么，我就给你说说，你是怎么来到这个世界上的。

你出生在湖北恩施，东门河旁的县医院。

与你爸爸结婚的当年，我还丝毫没有要孩子的准备，却突然感到头昏腿软，成天只想睡觉，以为是病了。当时我们正在湖南常德探亲，你爷爷奶奶是常德人，并都在那里工作，你奶奶说我领你去医院看看吧。结果到医院一查，说是怀孕了。你奶奶不慌不忙地说："我一猜就是这个。"但我心里好吃惊，我们都还没有足够的心理准备。

怀孕五个月时，单位派我下乡辅导。那时在文化馆工作，除了每年给剧团写一两个剧本，还编辑一本名叫《枫叶》的刊物，每年4期，登小说、散文、歌词、剧本，刊物虽小，但还是吸引了不少业余作者。我的工作又叫创作辅导，时常到乡下文化站去见当地一些作者，看他们写的稿子，然后有针对性地谈谈。那次去的是一个叫景阳河的地方，120里曲折蜿蜒的山路。年轻也不知天高地厚，去时坐的客车，但好几天才一班，回来时不赶趟，便搭了一辆货车。

司机开始就有些不愿意，说驾驶台已经坐满了，景阳河文化站的干部帮着说了好话，才答应让我坐到货车上面。我就腆着肚子爬了上去，货车上面倒是空的，却没有任何东西可坐，一路站着颠簸回到城里。第二天一早就感到不适，肚子疼得钻心，我吓得浑身发紧，心想这下孩子难保了。赶紧到医院去，幸亏碰到一位有经验的医生，大慈大悲地说还可以将息，但再来晚一些就难说了。立刻打了保胎的黄体酮针药，提心吊胆地过了几天，谢天谢地，算是没出什么危险。

女儿，你就这样还没面世就经历了一次风险。女儿，你似乎特别敏感，文化馆里经常锣鼓喧天，有时候还会放鞭炮，噼啪一声响，你就在妈妈肚子里一跳。

你知道吗？你第一次在妈妈肚子里动弹，是在一个月黑风高的夜里。那一次，我又独自到沙地乡文化站去辅导，住在一幢木楼里，那里平时只住着文化站的一个干部，那天晚上他回到乡下的家里去了。黑咕隆咚的夜晚，就只有我一个人睡在这幢两层木楼里，只听四处的楼板咯吱咯吱响，总像是有人在朝我睡的房门前走近，有好几次都像是停在了门口。

我在暗夜里浑身冷汗，恐惧地瞪大眼睛，可灰蒙蒙的蚊帐外头什么也看不清。我猜想那些响动是老鼠在奔跑，可又怀疑是不是进来了贼？就在那极其恐惧之时，女儿，你在妈妈肚子里突然动弹起来，我惊喜地感觉到你有力地踢蹬，一下、又一下，仿佛气壮山河地宣布你的存在。一阵巨大的新鲜喜悦顿时从天而降，我周身都有了力量，什么都不害怕了。女儿，有你的陪伴，妈妈一下子变得好强大呵。

怀孕八九个月时，肚子小山一样耸立，低头连自己的脚都看不见了。原先所有的衣服裤子都不能穿，对襟棉衣的扣子也扣不上，做一件棉衣里外至少得一丈多布，哪里寻去？只好将就着缝几根带子将左右衣襟勉强拉到一起，胸前的遮挡就格外单薄，冬天走在街上，北风凉嗖嗖的，像是吹透了胸膛。

走路艰难，睡在床上连呼吸都艰难，翻身更是一项不小的工程，先得收腿，再借用肩膀、背甚至头的气力，上下用劲连顶带蹬。洗脚、穿鞋也是极为费劲的事，若是没有人帮忙，就只好湿淋淋地抬起来脚来，等它自己晾干，而鞋是没有鞋带的，捅进去趿拉着罢了。

那天半夜，睡在梦中突然感觉身上一热，惊醒过来，知道是羊水破了。可离预产期还差几天，于是心中不慌，第二日早起步行到县医院门诊，耐心排队等候。大夫是位修饰洁净的50岁左右的女性，三言两语一问，即刻变脸作色，二话不说叫来担架，让护士立即将我抬到产房去，一边说："简直不要命了，羊水破了快10个小时还走路到医院，你们这些年轻人简直一点常识都没有。"她的话不假，那个年代，关于人的知识是被封闭的，怀孕之后我只做过一两次检查。

女儿，你算是又经历了一次风险。

在产床上躺了两天一夜，到第二天的半夜，一阵阵疼得我恶心冒冷汗，呕吐了好几回，医生说："不能再等了，剖腹吧。"1982年3月4日的清晨，我被推进手术室打了麻药，被捆住双手双脚，恐惧不安地看着主刀大夫消完毒，高举着双手走过来，心想，我以后再也不要生孩子了。

那大夫举起刀，准备剖腹，可她凑近一看，突然说："咳，头发都看得见了，还剖什么？快拿产包来！"就在这一刹那，不知从何处传来一股力量注入我的身上，一使劲，只觉流水似的"哗"一下，世界在一瞬间变得轻松平坦。

女儿，我一侧脸就看见了你。你皱巴巴红通通的，被护士拎在手里，一双小脚就像两朵粉嫩的莲花，头上卷曲的乌发，黑眼珠子竟然在滴溜溜地转，嘴一瘪一瘪的，哭个不停。医生说："女儿，6斤3两。"

我松了一口气，觉得你还算够分量。要知道怀着你时，妈妈并没有吃什么好的。你爸爸在那段时期连续生了两场病，两次住院治疗，我常常要步行十多里到医院看望你爸爸，等回到文化馆那间小屋时，天总是快黑了，饿得我饥肠辘辘，就用煤油炉煮上一大碗面条，放上些辣椒，算是一顿晚饭。你后来一直长得不胖，或许就是怀你时营养不够的原因。

但女儿，你终于安全地来到了这个世界上。

其实所有的人来到世上都不容易，只是每个人都有自己不同的曲折路径，就像到西天取经的唐僧师徒四人，在生命的历程中需经过千难万险，最后才得以见天日。女儿，每个生命的诞生都是来之不易的奇迹。

我们必须尊重生命。

感谢上天将你赐予我。

 牵手阅读

叶梅，著有小说集《撒忧的龙船河》《五月飞蛾》《最后的土司》《歌棒》，散文集《我的西兰卡普》《朝发苍梧》《大翔凤》等，有多部作品翻译成英、法、德、阿拉伯等多种文字。在给女儿的这封书信中，作者告诉女儿，每一个生命的诞生都是奇迹，要以无比的庆幸尊重所有的生命。对于人生而言，妈妈对女儿的祝福，第一永远是健康快乐。字里行间渗透了对女儿的爱与期盼。你不妨也给妈妈写一封信，说说心里话。

春天的颜色

导读 ....

什么是感恩？为什么要感恩？母亲经历过什么辛苦？
这篇记录"体验十月怀胎"活动的文章能够告诉我们答案。
读完这篇文章，我们自己也可以尝试一下这个有趣的活动。

要懂得感恩——体验十月怀胎

苏明进

　　一个很有意思的创意之举，你也可以尝试一下，体验
一下哟！

　　即将进入温馨的母亲节，学校里开始推动各式各样的
母亲节感恩活动。我也入境随俗，进行了一连串的感恩教
育活动，期许班上孩子能在活动中，培养出对母亲、对家
人感恩的态度。

　　今天进行的第一个母亲节感恩活动，叫作"大腹
便便"。

　　这个活动相当简单，也相当普遍，就是让班上孩子在

腹部背上重重的书包，模仿并感受母亲怀胎十月的辛苦。

孩子们在嬉笑声中背起书包，又看到其他同学大腹便便的样子，忍不住哈哈大笑了起来。

我为了让他们感受更为强烈些，要求他们的书包要再"加重一些"，每个书包都经过我的手严格地"称"过。有些孩子为了更逼真些，还用衣服将书包包起来，俨然是一个超级大孕妇。不过我个人强烈觉得，这些"肚子"真的是大得够夸张的啦！

孩子们必须背着重重的书包，撑上一整天，不管在上我的课、科任课、下课，甚至是午餐、午休时间也如此。

刚开始孩子们对这个活动显得既新鲜又高兴，但过了一会儿，便发觉大事不妙啦！这可真是件苦差事，因为不仅站着挺累，连坐着都觉得不舒服，甚至吃饭时都觉得碍事。

孩子们求饶似的拼命对着我说："老师，饶了我们吧？"

要让孩子背起书包，是轻而易举，只要一声令下即可。但如何从"玩"的意境中，提升到"深刻体认"的层次，这就得看老师的功力了。

我将孩子们负面的情绪转移，让他们试着去感受一下母亲怀孕时有多么不方便：因为就连举手盛菜、低头吃饭，都是一大考验。

在孩子们的哀声连连中，我提早在第六节结束了这个活动，每个孩子都松了一大口气。

隔天，在孩子们的家庭联络簿中，出现了许多感人的留言。就像我常和他们说的："如果有感受到的人，就算你赚到了！"

来看一下孩子们的留言。

今天老苏要我们背书包一整天，原本我超不想背。但是在音乐课时，我才知道妈妈连坐着都好累，我们坐在地上没多久，脚就麻了。现在我才知道妈妈背一个三千多克的我有多辛苦了！

今天的"大腹便便"活动，我真的是混过来的！不过我也想了很多。我们背得很累，一心只想着早点放下就可以别理它了！但妈妈在怀我们时，为了要让自己的小孩健健康康地出生，所以再累也要扛起来。我们永远体会不到妈妈的辛苦，但现在我也能了解妈妈的心情：期望肚子里的宝宝快快长大，成为一个有前途的好孩子，所以尽管生孩子很辛苦，一样都坚持了下去。我希望我不辜负妈妈，好好读书，以后做个有用的人！

原来当妈妈这么不容易啊！我终于能体会妈妈的辛苦了。也感谢妈妈让我在这个地方诞生下来！我想当时妈妈的肚子，应该比我的书包还重吧！而妈妈也希望她生下来的，是个有用的小孩。那我也要当个好小孩，不让父母操心！

牵手阅读

"体验十月怀胎"是一个有意思的活动。每个个体都是独立存在的，因此这个世界上从来不存在所谓的"感同身受"，但至少，我们能够通过模仿和共情，来从自己的角度更加深刻地理解他人。感恩教育不必强求，达到让孩子们理解其意义的目的就足够了。你认为感恩教育是必要的吗？如果是，应当怎样做？

　　小学版《语文第二课堂》自2019年出版后，得到读者的广泛好评，为配合市场需求，我们在《语文第二课堂》基础上，根据专家和读者的反馈定制了这一拓展阅读版。这套图书得到了许多作者和译者的帮助，在此一并致谢。部分文章因编选的需要，做了删改，特此说明。虽经多方努力，仍有部分版权所有人未能于出版前取得联系，我们将委托中国文字著作权协会代转稿酬及样书，联系电话：010-65978917。